トヨタのPDCA+F

世界No.1企業だけがやっている
究極のサイクルの回し方

桑原晃弥

"FOLLOW" IS THE ESSENTIAL STEP OF
TOYOTA'S "PDCA"

大和出版

はじめに

トヨタやトヨタ式の実践企業と仕事をすると、フォローが非常に行き届いていることにしばしば驚かされます。

たとえば、「うやむやにしてしまおう」と放置しているうちに立ち消えになる案件は結構あるものですが、トヨタ式は必ず確認を取ってきます。「忘れてくれたかな」と思う頃に、「あれはどうなりました？」と聞いてきたり、「進行状況は？」と突然、現場にやってきたりします。

必ずしも督促のためではありません。うやむやにしたい理由がきちんとわかれば案件の中止に合意することもあります。その場合は、「では、こうしたらどうでしょう」と次のアクションにつなげてきます。

始めたことはやり切る。中途半端にしない。フォローを怠らない。それがトヨタ式です。

このようにフォローを重視するのは、トヨタ式が絶えざる改善によって成り立っているためです。

改善はＰＤＣＡのサイクルにとてもよく似ています。トヨタ式では常にたくさんのＰＤＣＡが回っていると考えていいでしょう。

一方で、言ってみれば、ＰＤＣＡは新入社員研修で教わるような基本です。大切なスキルであることに間違いはありませんが、単純に一人、一部署、一プロジェクトの範囲で回すだけでは、成長することはできても、**組織全体の競争力を高めるという最終目的に到達する**ことはなかなか難しいのです。

そのため、トヨタ式では次のようなことを改善に求めます。

- 部分の成果を全体に広げる。
- 異分野の成功を取り入れる。
- 「人づくり」「コスト削減」「開発戦略」などの大局と常にリンクする。

つまり、ワンランク上の観点から**ＰＤＣＡの成果をタテヨコナナメに再投資する**わけです。これがトヨタ式のＰＤＣＡ＋Ｆ（フォロー）です。

私はトヨタ式と本格的にかかわるようになって17年になりますが、いつも感じるのは、当たり前のことをやり続けることのすばらしさと難しさです。かつて、トヨタ式の実践企業の経営者が、概略このような話をしてくれました。

「トヨタはノウハウを隠しませんから、同業他社だって『トヨタ式は知っている』と言うでしょう。でも、トヨタ式で成功している企業は、何かちょっと違うところがある。それは、とことん実践できるかどうかです」

確かに、ＴＯＹＯＴＡ　ＷＡＹ（トヨタ式）は世界中に広く普及しているにもかかわらず、いまだに「トヨタ式をトヨタほど上手にできる企業は他にない」といわれている現実もあります。

その理由を、社長、会長を歴任してトヨタ中興の祖の一人とされる石田《いしだ》退三《たいぞう》さんは「**当たり前のことをとことんまでやる**」ところにあると言っています。

「私が考え、行なう経営は、実のところきわめて常識的な、とんと当たり前のものだった。あくまでも平々凡々、当たり前のことをしごく当たり前にやってのけるだけであった。やるからにはとことんまでやる。万難を排してどこまでもやり遂げる、ただそれだけのことである」

「どこまでもやり遂げる」ためにはフォローが不可欠なのは言うまでもないでしょう。

ＰＤＣＡは基本的なビジネススキルですが、「みんなやってることだもんなあ。ここで差はつけられないだろう」と簡単に決めつけず、そこにフォローをプラスしてみてください。きっと、凄い発見があるはずです。

競争力の強化に奇手、奇策はありません。当たり前の手法をとことんやることが、一番大きな力になります。そういう地道な**積み重ねがトヨタを世界ナンバーワン企業に成長させた**のです。

本書が、みなさんがすばらしい成果を上げるお手伝いの一つになれば、これにまさる幸せはありません。

桑原晃弥《くわばらてるや》

目次

トヨタのPDCA＋F

CONTENTS / "FOLLOW" IS THE ESSENTIAL STEP OF TOYOTA'S "PDCA"

はじめに　003

CHAPTER 1

PLAN

どこにでもある課題から、どこにもない計画を立てる

1 計画に時間をかけるのがトヨタ式　014
2 問題の「真因」をつかめ。表面的な対処は意味がない　016
3 「なぜ」をくり返せ。疑わないと思考が止まる　020
4 あらゆる可能性を考えよ。仕事では「あり得ないこと」が起きる　024
立案を急ぎすぎるな。スピードアップは実行段階から　027

5 「外」のせいにしない。「内」を変えることがPDCAの目的 031
6 案は三つ以上出せ。「最善」は比べてこそわかる 034
7 異論を求めよ。異論に対処する中で計画が磨かれる 038
8 難局を喜ぼう。大きな挑戦、大きな成長の好機だ 042
9 感情を共有する。方針の共有だけでは不十分 046
10 「計画の大義」を示せ。希望なき計画では人は動かない 050

CHAPTER 2 DO

「今日とりあえずやる」のは最善の困難克服法

実行こそがPDCAのエンジン 056
1 とにかくやってみよ。やらないと臆病になる 058
2 「今日やる」にこだわれ。その責任感を周囲も支援する 062
3 「わかった」と安易に言うな。実行したあとで言う 065
4 実行は順調な時に。不調になると手が限られる 068

5 人にムリを強要しない。動くまで粘り強く説得する 072
6 小さく始めて大きく育てよ。一気にやると反対が増える 076
7 PDCAを見える化せよ。みんなの関心が実行の力になる 080
8 手を動かせ。口先だけではサイクルは回らない 084
9 チームメートをもっと大事に。絆の強い組織が最も強い 088
10 熱意を示そう。本気の人には誰も逆らえない 092
11 タイミングを逃すな。時には失敗覚悟の前進も必要 096

CHAPTER 3

CHECK

まずまずの結果が出た時に一番多くの問題が見つかる

チェックは必ず現地現物で行う 102
1 小さな変化を見逃すな。チェックとは微調整だ 104
2 柔軟に動け。計画通りがベストとは限らない 108
3 現場から目を離すな。PとDのズレがわかるまで観察する 110

4 目的に沿っているかを見る。ラクな手段に走っていないか 113
5 平均や率を過信するな。改善点は個別の数字から見つかる 117
6 成功した時ほど精査せよ。勝利の中にも問題は多くある 120
7 悪い情報を伝えた人を免責せよ。データの加工や隠蔽を防ごう 124
8 挑戦的な失敗は評価する。何も変えない「行動」は無価値 128
9 時には「やめる」決断も大事。回せるサイクルは他にもある 132
10 自己満足に陥るな。ＰＤＣＡにこそお客様目線が必要 135

CHAPTER 4
ACTION

ギクシャクしたら前工程と後工程を見る

「この手があった！」に気づく技術 140
1 非常識な改善も考えよ。奇跡がそこから始まる 142
2 成功に安住しない。ＰＤＣＡは上を求め続けるサイクル 145
3 みんなを巻き込め。参画意識も高まる 147

4 大局観を持て。部分改善を全体改善につなげよう 150
5 当事者意識を高めよ。他人事意識では成果は出ない 154
6 積み重ねる工夫をせよ。大改革にやがて手が届く 158
7 天才の凄さを取り入れろ。スキルに分解すれば凡人にも可能だ 162
8 個人ワザに頼るな。大切なのはその他大勢の能力アップ 165

CHAPTER 5

FOLLOW

成果を互いに共有して組織の競争力を伸ばす

フォローはあくなき成長をもたらす 168
1 成果を全体に広げる。自己完結でサイクルを閉じない 170
2 あらゆる成功例をフォローせよ。それに自分の知恵をプラスする 174
3 今日の成功を最高と思うな。「もっと」を求めてこそ大成する 179
4 「教えた」で終わるな。人づくりとはフォローし続けること 182
5 失敗のレポートを書こう。新たな挑戦の教科書になる 186

6 短気を起こすな。忍耐強く見守るのもフォローだ 189
7 成果が出たら仕組みづくりに進む。一段上のサイクルを回そう 192
8 達成しても休むな。到達点を出発点にする人が勝ち残る 196
参考文献 199

ブックデザイン　中村勝紀（TOKYO LAND）
プロデュース・編集　アールズ　吉田宏

CHAPTER

1

PLAN

どこにでもある課題から、
どこにもない計画を立てる

"FOLLOW" IS THE ESSENTIAL STEP OF
TOYOTA'S "PDCA"

○計画に時間をかけるのがトヨタ式

トヨタ式PDCA+FのPには二つの大きな特徴があります。

①問題にいち早く気づく
②時間をかけて検討する

問題を「できれば避けて通りたい厄介ごと」と考える人がいます。成長はなく、問題から目をそむけるので、問題に気づくこともできません。

「問題が起きればきちんと対処する」人も多く見られます。成長はできるものの、受け身であるため、隠れた問題に気づくのはムリでしょう。

トヨタ式は「**問題は改善のチャンス**」と考えます。問題を歓迎するのです。目の前にあるムダだけでなく、見えないムダも見える化して改善を行います。

問題を掘り起こそう、積極的に迎え撃とうとしますから、①の「問題にいち早く気づく」ことができます。非常に早い時期から問題の検討に着手でき、その結果、②

の「時間をかけて検討する」ことが可能になるのです。

トヨタ式は「ものごとが決まるまでは長いが、決まってからの実行力は凄まじい」と評されます。

着手が早いため、Ｐの段階で目的や手段の検討、合意形成やリスク管理などを徹底でき、Ｄの実行段階では新たな問題にも即応できてスピーディにサイクルを回せるということです。**トータルの時間が短縮される**ので、ゴールに到達する時期は他の企業より早くなり、なおかつ、よい成果も得られます。

実際、トヨタは組織改革や新車開発、アメリカ進出などの時、計画の段階で相当に長い年月をかけていますが、私たちは印象として「トヨタはやることが早いね」と感じているのではないでしょうか。

Ｐの段階では、十分な検討をせずに、「とりあえずやってみるか」「やりながら考えればいい」という**出たとこ勝負は考えない**ことが重要です。スピードは大切ですが、準備をはしょった「とにかく急げ」は、やり直しを招くだけになります。

PLAN

1

問題の「真因」をつかめ。表面的な対処は意味がない

トヨタの社長、会長、経団連会長を歴任した奥田碩《おくだひろし》さんのこんな言葉が、世間を驚かせたことがあります。

「私はどこの会社でも経営できます。それは私がＰＤＣＡを回せるからです」

当時、トヨタは世界一を視野に急成長中で、多くのイノベーションも成功させていました。それほどの企業なら、何かすごい秘密があるに違いないと誰もが思っていました。ところが、トップの奥田さんが自社と自分の強みとして最初にあげたのは、ＰＤＣＡだったのです。

新入社員研修で教えられるようなことさえできれば、「どこの会社でも経営できる」と言うのですから、驚くほかはありません。

それほど**PDCA（計画、実行、評価、改善）は成果と成長の要《かなめ》**であり、また一方で、サ

イクルを確実に回すのはそう簡単ではない、ということでしょう。

では、ＰＤＣＡがうまく回らない理由は、どんなところにあるのでしょうか。

ビジネスは、そう単純素朴なものではありません。たとえばおいしい料理さえ出せば店が繁盛するわけではなく、営業力だけを強化すれば利益率が上がるわけではないのです。**ビジネスは私たちの憶測や思い込みを超えた複雑さを持っていて、その一部ではなく全部を解決してこそ成果が出る**のです。

ＰＤＣＡも同じだといえます。確実にサイクルを回すには、まず課題や問題の全体をつかみ、それに基づいた「計画」を立てることが大切になります。

成果をあせって憶測や思い込みだけで計画を立ててしまうと、ＰＤＣＡはスタートからつまずきます。ＤＣＡをどんなに熱心に行ってもサイクルは回らず、回ったように見えても成果にはつながりません。

トヨタ式ではＰＤＣＡにＦ（フォロー）をプラスし、**ＤとＦをことのほか重視しますが、一方で、実はＰに一番時間をかけます**。計画を決める前に何度も立ち止まり、「なぜ」をくり返して、推測や思い込みを取り除くのです。

それが有名な**「なぜ」を5回くり返せ**、というセオリーです。

トヨタ式では問題を前にした時、こんな姿勢が求められます。

「何かがひらめくまで決して現場を動かない。**謙虚に、白紙で、素直に、無になって現場を見る**。頭の中でたえず『なぜ』をくり返す」

それをせず、「きっとこういう原因だろう」と決めつけたり、表面的な要因を見つけただけで「そうだったのか」と安易に納得したりすると、思考が浅いところで止まり、正しい計画が立てられなくなります。


トヨタの工場長や副社長を歴任してトヨタ式の基礎を築いた大野耐一《おおのたいいち》さんは、機械が止まった場合を例にあげて、こう説明しています。
①なぜ機械が止まったのか?
オーバーロード（過重負担）がかかって、ヒューズが切れたからだ。
②なぜオーバーロードがかかったのか?
軸受部の潤滑が十分でないからだ。

③なぜ十分に潤滑しないのか？
潤滑ポンプの油の汲み上げが不足しているからだ。
④なぜ汲み上げが不足しているのか？
ポンプの軸が摩耗してガタガタになっているからだ。
⑤なぜ摩耗したのか？
ストレーナー（濾《こ》し網）がついていないので、切粉《きりこ》（切りくず）が入ったからだ。

このように、表面的な要因の奥にある真の原因がわかれば、ストレーナーを取りつけるという正しい対策を取ることができ、問題は解決に向かいます。

⑤のような真の原因を、トヨタ式では「真因《しんいん》」と言っています。**真因にたどり着けば、計画はおのずから正しく定まり、ＰＤＣＡは一気呵成《いっきかせい》に進む**のです。

しかし、「なぜ」を途中でやめると、ヒューズの取り替えやポンプの軸の交換といった対策しかできません。

それでも機械は動くようになりますが、**真因を放置しているため、何ヵ月後かには再び同じ問題が起きる**か、もっと大きな問題が起きることになります。

PLAN 2

「なぜ」をくり返せ。疑わないと思考が止まる

食品メーカー赤坂産業（仮名）は、**推測や思い込みで計画を立てたためにPDCAを回せなかった**経験があります。

同社のある工場で、遅延や欠品、誤品といった物流クレームの増加が問題になりました。赤坂産業の受注から出荷までの流れはこうです（数字は概算）。

- 工場では、1日1千種類の製品を60万パック生産している。
- 注文はお得意先から工場のコンピュータに直接入力され、工場は出荷時間に間に合うように製品をつくる。
- 製品は隣接する物流センターに納入され、分荷《ぶんか》される。
- 物流センターは午後4時～11時の間に、80台のトラックでお得意先へ出荷する。

・納入時間厳守のため、受注のピークには臨時便のトラックを走らせて対応する。

一見スムーズなようですが、現実には物流クレームが増え続け、ついには1ヵ月のクレームが300件を超え、臨時便の支払いも200万円を突破する事態になりました。予想クレーム数の12倍、臨時便予算の4倍という驚くべき数字です。放置すると信用が失墜し、受注に悪影響が出て収益が悪化しかねません。

この大問題を解決するために、工場長と物流センター長を中心とする対策会議が開かれました。

会議では、クレーム発生の原因を「物流センターの分荷に時間がかかりすぎている」ことに特定しました。工場には非がなく、物流センターの分荷に問題があるために遅延や欠品、誤品が起きているというのです。

そこで、2千万円をかけて、分荷がより早く正確にできる自動ソーター（分荷機）を導入する計画が立てられました。

実際に導入すると、最初は順調にクレームが減少しました。

ところが数ヵ月後、再びクレームが増え始めたのです。

「自動ソーターを導入したのに、なぜ物流クレームが減らないのか」が赤坂産業の新たな課題になりました。**PDCまで回ったのにAに進めず、Pから根本的にやり直さなければならなくなった**、といえるでしょう。

赤坂産業は、元トヨタマンのコンサルタント青木さん（仮名）に助言を求めました。

青木さんが物流センターの現場で数日間調べた結果は、こうです。

①出荷時間が遅れる原因の70％は仕分《しわけ》分荷の遅れである

②仕分分荷の遅れの原因は主に五つある

「工場の生産の遅れ」「工場の製品の置き場の不具合」「数量不足（ある製品をお得意先に分けていくと、最後のほうが不足する）」「外注品の納入遅れ、誤品」「分荷人員の不足」

③工場の問題意識が不足している

物流センターは「工場が指定時間に正確な数を納入してくれれば改善できる」と主張しているが、工場のライン長たちは出荷時間を知らされておらず、遅延が自分の問題だと考えていない。

④「完全な解決はムリ」というあきらめ

「分荷ミスは赤坂産業の当工場だけでなく、他の工場でも起きている」から「完全な解決などできない」とみんなが短絡的に考えている。

⑤物流センターに対する思い込み

「工場や営業の落ちこぼれ社員が物流センターに配属される」という不謹慎な考えがあり、「だからミスは物流センターのせいに違いない」と決めつける意識が強い。

青木さんの調査によって、物流**クレーム増加の原因は一つではない**ことが明らかになりました。

確かに分荷の遅れは主要因ですが、それは工場や協力会社の問題、人員不足など、複数の要素が関係したものでした。さらに、③④⑤など、表面には出にくい意識上の問題も強く影響していました。

どれも、「なぜ」を何度もくり返せばたどり着けたものばかりです。しかし、赤坂産業は、「なぜ」を早々にやめてしまったのです。

PLAN

3

あらゆる可能性を考えよ。仕事では「あり得ないこと」が起きる

ＰＤＣＡの「計画」を立てる段階で大切なのは、「課題や問題の真因は何なのか」を突き止めることです。真因を放置していては、どんな手を打っても、問題が完全に解決することはありません。

前項の赤坂産業が「なぜ」をくり返さなかった理由を、青木さんは三つあげました。

- 問題意識、当事者意識の不足
- 「解決はムリ」というあきらめ
- 「悪いのはこれに違いない」という思い込み

そのために、クレームの原因を「物流センターの分荷作業の遅れ」という目に見えやすい部分に押しつけ、それで思考を終えてしまったのです。

見えにくい原因を放置したまま計画をつくったために、一時的には問題が解決したもの

の再び同じ問題が起きることになりました。

青木さんは、赤坂産業の物流クレームは生産全体の問題であると考え、問題解決の専任プロジェクトを組みました。そして、1年間に及ぶ改善活動によってクレームを減らすことに成功したのでした。

たとえば、こういったことです。

- 工場と物流センターの両方で整理と整頓を徹底し、モノを探す必要のない環境をつくる。
- 工場の生産を、注文が入った順ではなく、納入時間の順にする。
- 一部のラインはつくりやすい順に生産していたが、それも納入時間の順に改める。

もちろん、物流センターの分荷についてもたくさんの改善を行い、自動ソーターがなくても遅延や欠品が生じないようにしました。

自動ソーターは分荷時間の短縮に限っては効果的です。しかし、生産**全体の問題を解決しない限り、クレームを減らすことはできない**のです。

くり返します。ＰＤＣＡを始める時は、問題や課題をとことん掘り下げて考えていくことが大切です。そうでないと「実行」は表面を取りつくろうだけに終わり、「評価」の段階で何も解決していないことがわかった、という事態に陥ってしまいます。

成果を上げるには、Ｐの段階で問題は何かをしっかりと把握する必要があります。「なぜ」をくり返して真因を見つけることです。真因に対して手を打つことがＰＤＣＡのスタートなのです。

ＰＤＣＡをうまく回すには、しつこいくらいの「なぜ」をスタート段階の習慣にすることです。

望み通りの成果を得られない理由は、パワーを真因に集中させられないことにもあります。推測や思い込みで動くと、ささいなことばかりに力を奪われ、成果にたどり着くことが困難になるのです。

「あり得ない」「バカげている」といった安易な決めつけはやめます。目に見える要因や、わかりやすい原因に飛びつき、そこで満足する態度も改めましょう。

課題や問題を引き起こす**あらゆる可能性を洗い出してみる**ことです。そこから**連想ゲームのように真因にたどり着く**ことは少なくありません。

4
PLAN

立案を急ぎすぎるな。スピードアップは実行段階から

真因を探り、真因に手を打つためには、執念や忍耐力も必要になります。

トヨタ式は、真因探しをとことん行います。決してあきらめません。真因が見つからない時は、こう考えます。

「見つかるまで探していないからだ」

「見つかるまで探せ」

大野耐一さんは執念の人でもありました。大野さんがトヨタの本社工場長だった頃に、こんな話があります。

当時は、車体工場で車のフレームをつくる↓それを機械工場に持って行って足回り部品をつける↓それを組立工場に持って行く、という流れになっていました。

トヨタマン白浜さん（仮名）は、車体工場でナットやクランプ（締め具）の取付作業を行っていましたが、ある日、後工程《あとこうてい》から「クランプがちぎれている」と、1個のフレームが突き返されてきました。

トヨタ式では不良が発生したら、その場で真因を明らかにし、改善を行うのが原則です。しかし、白浜さんは突き返されたフレームをとりあえずラインの外に置いておきました。

そこに大野さんが来合わせ、「これは何だ？ どこでクランプがちぎれたのか調べたのか」と聞きました。「わかりません」と答えると、大野さんはこう言いました。

「不良がどこで発生したかわかるまで、徹底して見つけよ」

クランプがちぎれるのは「千三つ《せんみ》」（1千回に3回くらいしか起きない例外的な不良）とされ、その程度は「仕方がない」と考えられていました。あとで手直しをすればいいというのが常識だったので、白浜さんもラインの外に置いたのです。

しかし、大野さんはこうした低い確率の不良の真因を徹底して調べてこそ、高品質のモノづくりができると考えていました。**あり得ない不良も確実に潰してこそ、不良を限りなくゼロに近づけられる**というのが大野さんの考え方でした。

白浜さんも大野さんのそうした考え方は理解しており、真因探しに取りかかりました。

しかし、簡単ではありません。不良の発生現場を特定するためには、車体工場だけではなく、担当外の機械工場や組立工場にも足を運ばなければなりません。それぞれの工場には無数の工程があり、一つ一つ調べる必要もあります。

白浜さんは必死で探しましたが、2日間を費やしても見つけられませんでした。仕方なく大野さんにそう報告すると、こう言われました。

「見つかるまで探せ」

不良には必ず真因があります。真因に手を打たずに不良品だけを手直ししても意味がありませんし、**「仕方がない」とあきらめることは不良を認めること**になります。

白浜さんがさらに探すと、3日目にようやく機械工場でクランプがちぎれる現場に遭遇しました。現場が見つかれば、真因は格段に突き止めやすくなります。すぐに機械工場の担当者と一緒に改善を行い、その結果、同じ不良は二度と起きなくなりました。

トヨタ式のこんな執念を知ると、「ＰＤＣＡ＋Ｆ」がひどく困難であるかのように誤解してしまうかもしれません。もちろん違います。

最も早く歩き始めた人が、最も早く目的地に着くとは限らないでしょう。最も正しい道を歩く人が最速の人になるのだと思います。

「計画」の前提となる真因探しにも、時間がかかっていいのです。**少しくらい出遅れようと、正しい道を歩いたほうが結局は最大の成果を得られます。**

つまり、忍耐強く、執念を持って真因を探せということです。

「Pは大雑把《おおざっぱ》でいい。DCAで改善するのがPDCAだ」と言う人もいます。しかし、あまりいいやり方とは思えません。

たとえば何かをつくる時、いちいちモノや道具を探しながらでは、とんでもなく非効率になります。モノや道具は最初に揃えておくのが普通でしょう。**探しものを少なくすることが効率アップの前提**なのです。

PDCAにおいても、途中で行き詰まり、「そもそもの原因は？」と引き返して探すようでは、サイクルは回りにくくなります。それは、少なくともトヨタ式のPDCA＋Fとは無縁のやり方です。

PLAN

5

「外」のせいにしない。「内」を変えることがPDCAの目的

真因を探り、手を打つには、視野を広げて考えることが必要です。

ただし、それは**原因を外部に求めることとは違います**。

たとえば、「他部署のせいだ」と決めつけると、自部署の改善が進まなくなります。「流れが変わったせいだ」で思考を終えると、流れを先取りできなくなるでしょう。

外因よりも内因に目をこらすほうが、かえって視野は広がり、真因を突き止めやすくなるものです。

トヨタは戦後の1950年、倒産寸前の経営危機に陥ったことがありますが、日産自動車も1999年に、ルノーの傘下に入らなければ生き残れないほどの大危機に見舞われました。

日産の危機の理由の一つに「外因」があげられるでしょう。

1954年から73年に及ぶ高度経済成長期には、日産はトヨタと激しいトップ争いを演じる手ごわいライバルでした。「技術の日産、販売のトヨタ」といわれるほどの技術力を誇っていました。

ところが、73年に起きた第一次石油ショックから、両社の差が大きく開いていきます。石油ショックによって車が売れなくなった時、トヨタは「つくりすぎは最大のムダである。わが社はつくりすぎていた」と不振の理由を内因に求め、さらなる体質改善に努めました。そのため、石油ショックの影響が和らぐに従い、業績は回復以上の伸びを見せるようになります。

一方、日産はそこまで内因を追い求めなかったようです。やがて石油ショックの影響が和らぐと危機感も薄れ、体質改善は進まなくなりました。そのために業績は回復しなかったばかりか下降をたどるようになり、やがて99年の大危機を招くことになったともいわれています。

課題や問題の原因を外部に求めるのは、たやすいことです。

だからこそ、「景気が悪いから」「ライバルがあれだけ強いとね」といった**外部に責任を押しつける考え方を意識的にやめる**ことが大切です。

外部にある要因は、自分の力で変えることができません。あるいは、変えることが非常に困難です。原因を外部に求める限り、「変えよう」「解決しよう」とするＰＤＣＡのサイクルが回るはずがないのです。

トヨタ式は、課題や問題の原因を外に押しつけず、内部に探します。そして、**真因がわかった時点で、他部署やライバルを見直す**のです。

「他部署は？」「ライバル企業は？」といった見方は、ひとまず置いておきましょう。視野を広げるということは、「地球規模で何が変わりつつあるのか」「5年後、10年後のユーザー像はどんなものか」といった大局観を持つことです。

大局観を持った上で、「だったら自分は？」と内因に目を転じます。

「自分はこうあるべきだ」「まず何から動かすべきか」という前向きな計画が、そこから生まれてきます。

PLAN 6

案は三つ以上出せ。「最善」は比べてこそわかる

真因をつかんで計画を立てる段階で、トヨタ式が大切にする考え方があります。

「目的は一つ、手段はいくつもある」

「一つの目的に対して、その手段なり方法は非常に多い」

たとえば、「人を一人減らす」という目的なら、こんな方法があるでしょう。

- 自動機械を導入して人を減らす
- ロボットを導入して人を減らす
- 作業改善を行って人を減らす
- 一人当たりの作業量を増やして人を減らす

最後の方法は労働強化であり、トヨタ式では絶対にあり得ない選択肢です。しかし、会

社によっては平気で「これしかない」と決めつけてくるかもしれません。**「手段は一つしかない」を暗黙の前提にしてしまうと、危ない結果を招く**のです。

トヨタ式では解決案をできる限り数多く考え、一つ一つについてコストや効果、メリットやデメリットなどを総合的に検討して選び、実行計画を立てます。

そうした検討を行うことなく、たとえば「100万円の機械を導入するしかない」と決めつけて実行した場合、「しまった。早まった」という結果になりやすいのです。

「実は10万円の装置で十分だった」とか、「作業改善を行えば、お金をかけなくても一人ぐらいは減らせた」というあと知恵が出てくるものだからです。そうならないためには、**案は少なくとも三つくらいは必要**だというのがトヨタ式の経験則です。

ある県の土木建築部がバイパス建設にあたり、「目的は一つ、手段はいくつもある」を実践したことがあります。

それ以前は専門業者に計画を任せ、計画を承認するだけの丸投げ仕事をしていました。

しかし、公共事業にも費用対効果が求められる中で、「本当に住民のためになる最善案を低コストで実現するには、自分たちが現地に行き、自分たち自身で考えることが必要ではないか」と考えるようになったのです。

専門業者は確かに立派な計画を出してくれますが、**選択肢がなく、また判断の基準もなければ、それが本当に最善なのかはわかりません。**業者の計画を最善と見るほかはなくなります。

土木建築部のメンバーは全員で現有道路の周辺やバイパス予定地を実際に歩き、影響を受ける関係者の話をヒアリングしました。それをもとに必死で考えました。

時間と手間をかけた成果はありました。

２４０ものアイデアが出てきたのです。

もちろん中には稚拙なものもありましたが、しっかりと比較検討を行い、修正したり組み合わせたりすることで、「最善だ」と自信を持てる計画が立てられたのでした。

たとえば、歩道と車道の併用という従来方式を、車道のみにして歩道は既存の道路を活用する方式に変更したこともその一つです。すると勾配《こうばい》も変えられて掘削が最小限ですみ、環境への負荷も少なくなり、事業費も当初予算の３分の２に抑えることができました。

案を数多く出すコツは、「いい、悪い」「使える、使えない」といった**判断や批判をせず、フリーハンドで考える**ことです。案が多いほど計画は磨かれます。

ビジネスは時間との闘いですから、数が出ないとあせると思います。早く結果を出さなければと、アイデア出しの過程をはしょりたくもなります。

しかし、できる限り粘ることです。トヨタ式はムダを嫌いますが、現地に行って考える時間やアイデアを出し合う過程は、決してムダとは考えません。

仕事をしていると、時にすばらしいアイデアを思いつき、「よし、これだ。これしかない。これでいこう」と高揚する瞬間もあります。

そんな時こそ「代案は？」と問いかけましょう。**最善とは、多くの案を比較検討したり、組み合わせたり、捨てたりする中から生まれる評価**なのです。

「次善の策を最善策に磨き上げるのがＰＤＣＡではないのか」という考えでは、小さな成長、わずかな成果しか得られません。

ビジネスには、「成功者はさらに成功する」傾向があります。最善案をさらにすばらしい案に高めていくことこそ、トヨタ式ＰＤＣＡ＋Ｆの目的です。

7

PLAN

異論を求めよ。異論に対処する中で計画が磨かれる

計画が全員一致で決まるのは理想的に見えますが、実際はそうでもありません。誰もが賛成するということは、「リスクが低い」「常識的」「前例がある」ということであり、それでは大した成果も期待できず、競争には勝てないでしょう。

真因を押さえ、比較検討を経ていれば、**「計画」は多少のリスクを取ってかまいません。PDCAのサイクルが回っていく中でリスクヘッジができる**からです。

トヨタ式では、誰からも反対の声が出ない**全員一致の計画には、むしろ疑問を持たなければならない**と考えます。

大野耐一さんはこう言っています。

「異論がないということは、異論を見逃していると思え。**異論がなければ異論をつくれ。異論をわかったうえでやる**」

この言葉には、人の意見をよく聞けという意味も含まれています。

イトーヨーカ堂創業者の伊藤雅俊《いとうまさとし》さんは、在庫のムダの解決のために大野さんを訪ねたことがあるほどトヨタ式と縁のある人です。その伊藤さんのもとで日本初の本格的なコンビニエンスストアをアメリカから導入したのが、セブン－イレブン・ジャパン社長やセブン＆アイ・ホールディングスＣＥＯを歴任した鈴木敏文《すずきとしふみ》さんです。

若き日の鈴木さんはコンビニに大きな可能性を感じ、「日本でやりたい。絶対に成功する」と自信を持ち、やる気にはやっていました。

しかし、伊藤さんは数々のイノベーションを成功させてきたにもかかわらず、意外にも慎重な姿勢を示します。鈴木さんに、こう言いました。

「日本でコンビニが成功するかどうか、人の意見を聞きなさい」

理由はスーパーマーケット業界から流通業界に至るまで、「コンビニは時期尚早」と多くの人が反対していたからです。

反対論が渦巻くところに新しい業態を提案する以上、提案者は**どこを突かれても反論できるように論理を組み立て、根拠を準備しておくことが必要**になります。

いくら本人が「やれる」と思い込んでいても、周りを説得できなければ計画は前に進みません。**まずは異論を知り、その一つ一つに「こうすればうまくいく」と答えられるように自己検討を重ねる**ことが大切になります。

だから伊藤さんは、突っ走ろうとする鈴木さんに、異論に耳を傾けよと勧めたのです。

大野さんは、しばしばこう言っていました。

「確かな計画を立てるには、『**うまくいかなかった時にどうするかまで考えての計画**』をつくらなくてはならない。『こうしますので、うまくいきます』といった異常対応を考えていない計画は、確かな計画、確かな仕事とはいえない」

伊藤さんの考えも同じだったでしょう。

異論についての大野さんの言葉にはまた、心の磨かれ方も含まれています。

計画は、どんなにしっかり立てられていても、必ずうまくいくとは限りません。途中で障害や問題が起こって挫折しそうになることもあります。

そんな時に頼れるのが「やり抜く心」です。

やり抜く心は、「こうなったらどうするか？」というさまざまな異論への対策を考える間に磨かれ、強靱《きょうじん》になっていきます。

異論と闘うことなく、**バラ色の未来ばかりを描くと、思わぬ問題が起きた時に心がくじけやすい**のです。

どんなに自信のある計画でも「すべてうまくいく」と考えず、「もし問題が起きたら？」を想定しておくことが、メンタルな面でも大切なのです。

伊藤さんは、鈴木さんのアイデアを潰すために慎重な姿勢を示したのではありません。「たくさんの異論があることを知る」「異論にしっかり対処する」「何がなんでもやってみせるという強い心を持つ」といったことを鈴木さんに求めたのです。

それらが揃ったら「やってみてごらん」と背中を押そうと考えていました。

やがて伊藤さんは鈴木さんの計画に賛成してセブン‐イレブンの出店を決意し、鈴木さんと日本人の消費行動を変えるほどの革命を起こすことになったのです。

異論を聞くのはつらいことですが、乗り越えるべき課題だと考えれば、**異論は「いちゃもん」ではなく、「うまくいくためのありがたいアドバイス」に変わります。**

PLAN

8

難局を喜ぼう。大きな挑戦、大きな成長の好機だ

計画は課題や問題から生まれます。

すばらしい計画は難しい課題、大きな問題から生まれます。

トヨタ式で「問題は飛躍や向上のチャンス」と言うのは、そのためです。

問題が起きることはPDCA＋Fのサイクルを回し、改善を進めるチャンスだというのが、トヨタ式の基本的な考え方です。

それを、トヨタ自動車の社長、会長を歴任した張富士夫《ちょうふじお》さんは、こう表現しています。

「異常に備えて待ち構えている」

異常な問題が起きれば、チャンスだとばかりに真因を探し、計画を立てるのです。

現場ではどんな問題が起きるかわからないし、何も問題が起きない現場は一つもない、

というのが張さんの考えです。

「問題などありません」と言い張る現場が少なくありませんが、それは**誰かが問題を隠しているか、誰も問題に気づいていないかのどちらか**です。問題はないのが当然ではなく、あって当たり前なのです。

張さんはこう指摘しています。

「たとえば在庫を腐るほど持っていると、異常なんか絶対に表に出てきません。しかし、在庫を1時間分とか2時間分とかにすると、途端に体質の弱さが出てきます」

かつてアメリカには「トヨタが来るとラインが混乱する。生産ができなくなる」と言う部品メーカーがありましたが、問題はトヨタにあったのではなく、部品メーカーの生産ラインにあったのです。

たくさんの問題があったにもかかわらず社長の目にはとまらず、トヨタ式に触れることで発覚したわけです。

では、**見えなくなっている問題を掘り起こす**には、どうすればいいのでしょうか。

トヨタ式は、「聞く」「聴く」「訊く」の三つの「きく」を使います。

たとえば上司が「問題はないか？」と聞いて、「問題山積みです」という答えが返ってくる場合は、よほどの事態だと察知できます。これが「聞く」のレベルです。

しかし、たいていは「とくにありません」という反応でしょう。そこで、具体的に「計画の進捗《しんちょく》状況は？」などと「聴く」と、多くの問題が浮かび上がってきます。

さらに現場を回りながら、「このやり方でいいのか」などと「訊いて」いくと、細かい問題まで掘り起こせます。

こうしてわかった問題の真因を突き止めれば、**成果の出やすい計画をスタートさせる**ことができます。

難題や大問題、あるいはお客様からの難クレーム、前項で触れた異論などを「やっかいだなあ」と感じることもあるでしょう。しかし、**どんな時も「この場をしのごう」「ごまかせないか」といったネガティブな姿勢を取ってはならない**と思います。

そもそもトヨタ式は、１９５０年の倒産の危機から本格的に体系化されましたし、トヨタ式自体が問題や異常を一つずつ解決することで「より良く、より早く、より安く」を実現していくシステムなのです。

つまり、トヨタ式にとって問題や異常は歓迎すべきものであって、決して忌み嫌うものではないのです。

高度経済成長期のような順調時には「何とかしなければ」と問題解決に向けてＰＤＣＡ＋Ｆを回す必要は、どうしても少なくなります。

ラクですが、それでは進歩向上はありません。問題がある時、危機の時のほうが人は必死になり、大きく飛躍することができるのです。

第一次石油ショックの時、多くの企業がモノ不足に苦しみました。それまで高度経済成長を謳歌してきただけに、ダメージは大きかったのです。

その時、トヨタ自動車の生産管理部長が大野耐一さんに「どうしたらええもんでしょうか」と相談したところ、大野さんはこうハッパをかけたということです。

「そんなことは誰にもわかりゃせんよ。それよりお前は運がいいよ。ちょうど生産管理部長をやっている時に**こんな難局にぶつかったのは、運がいいと思わなければあかん**。局面を自分の力で乗り切る絶好のチャンスじゃないか」

PLAN

9

感情を共有する。方針の共有だけでは不十分

トヨタ式は、いわゆる議論のための議論、空論を嫌います。つねに真摯《しんし》で具体的な議論を進めます。たとえばこんな感じです。

- **「私の考えは」と言うよりも、「これを見てください」と現物を示す。**
- **目先の問題を話し合う場合も、何年か先の将来像を視野に入れる。**
- 専門家が断定しても鵜呑《うの》みにせず、質問や要求をぶつける。
- 自説を主張するのは、自説によってみんなに化学反応を起こしてもらいたいからだ。

このようにして議論を尽くすため、トヨタ式は「ものごとが決まるまでは長いが、決まってからの実行力はすさまじい」ことになるのです。

トヨタ式の議論について、三井銀行（現三井住友銀行）の社長、会長を歴任し、トヨタの

監査役も務めた田中久兵衛《たなかきゅうべえ》さんが、「トヨタの取締役会ほど活発な会議は知らない」と、こんな話を披露しています。

「取締役会は最低2時間、雑談ひとつなく続く。日本一の利益を上げている会社とは思えないほど真剣に、全員が『もっと原価を引き下げる方法はないか』『システム、資材などにムダはないか』と話し合う」

そして、「トヨタは日本有数の企業だが、まだ成熟していない青壮年期の会社という気がしてくる」と感想を述べています。

議論のこうした伝統は、2000年代にトヨタ自動車が「レクサス」を日本で販売する時にも発揮されました。

この時、トヨタは従来の販売チャネルを五つから四つに減らし、新たにレクサス専門のチャネルをつくるという大きな計画を立てます。

当然、激しい議論が交わされました。

トヨタは「販売の神様」といわれ、社長、会長を歴任した神谷正太郎《かみやしょうたろう》さんのもとで販売チャネルを増やし、販売力を強化してきました。その一つを閉め、ベンツやBMWなどと並ぶ高級車専門のチャネルをつくるのです。

注ぎ込む経営資源は相当なものですし、人材の採用や教育にも多額の費用が必要になります。それに見合うだけの成果は約束されていません。すぐに儲かるかどうかもわかりません。新ブランドをゼロから構築するには「10年はかかる」と見られていました。

しかし、責任者たちはこう腹をくっていました。

「一度や二度の会議で決まるわけがない。みんなが言いたいことを言って、どんどん議論してもらうしかない」

方針を出して、「これでいくからな」と押しつけるのではなく、**さまざまな角度や立場から意見を出してもらって、活発すぎるほどに会議を回す**のです。

当然、異論や反対意見も噴出するわけですが、異論や反対意見に耳を傾けることであらゆる視点を検討し、問題点を一つずつ潰していくのがトヨタ式です。

また、トヨタ式では、会議の場は、**ものごとを決めるだけではなく、参画した人たちみんなが心の底から納得するためにある**と考えます。

「腹に落ちる」ことで計画と行動への意思をみんなが共有できるのです。

時間をかけて議論を重ねれば、結論は確実によりよいものとなっていきます。最初は反対していた人も徐々に納得をして、結論が出る頃には、「一緒にやっていこうや」という気持ちになるのです。

こうした過程をはしょってしまうと、反対していた人は「押し切られた」という気持ちになり、本気で取り組むことができません。途中で問題が生じると、「だから言わんこっちゃない」という批判勢力になりかねないのです。

しっかりした計画には、しっかりした議論が不可欠です。その議論は結論を先送りしたり、押しつけたりするものであってはなりません。**結論だけでなくビジョンと心情を共有するのがトヨタ式の議論**のキモです。

レクサス専門のチャネルをつくる時の議論では、時間をかけて徹底した議論を経て、最後に副社長がこう言いました。

「いろいろ議論してきたけれど、**後世のために何か残そうじゃないか**」

何かを閉めるのではなく、何かを残すということで全員の心がひとつになった瞬間でした。

10 PLAN

「計画の大義」を示せ。希望なき計画では人は動かない

目的が正しい時、計画はスムーズに共有されます。共有から協調が生まれ、確実な実行が始まります。

しかし、目的が不正だったり、どこか怪しかったりすると、私たちは計画を心から受け入れることができません。どんなにすばらしい計画でも、なんとなく腰がひけるものです。それではＰＤＣＡをうまく回すのは難しくなります。

計画を立てる時は、「目的は何か」「目的は正しいのか」を確認し、みんなで共有しておくことが大切です。

緑旅館（仮名）は日本を代表する旅館の一つです。「おもてなし」の真髄を体感できるすぐれた接客で知られ、長年、高い評価を受けています。

その緑旅館が、トヨタ式にも触発されて、サービスのさらなるレベルアップに向けて大胆な改革を行ったことがあります。

緑旅館の食事スタイルはすべて、お客様が自分の部屋で食べる「部屋出し」です。客室係がタイミングを見ながら、温かいものは温かく、冷たいものは冷たく提供します。お客様にはすばらしいおもてなしですが、客室係には大変な作業です。客室係は女性が多く、重くてバランスの崩れやすいお膳を急いでまとめて運ぶのは、細心の注意が求められる重労働でした。

緑旅館の改革とは、こうした**重労働を機械にやらせる**ことでした。大金を投じて最新鋭の料理搬送システムを導入したのです。

料理は厨房《ちゅうぼう》から空中に張られたレールに沿って搬送ロボットが運びます。操作はボタン一つで行うことができ、分速90メートルで、最大1500食の料理を宴会場や配膳室に運べるのです。

効果は絶大で、これまでの4分の1以下の労力で料理を運べるようになりました。

緑旅館が行った多額の設備投資に対して冷ややかな声を上げる同業者がいました。代表的なものが「大金を使って機械化して、それで浮いた人間を辞めさせるんだろう」という声です。

しかし、それはまったくの邪推でした。

緑旅館は、**機械化によって労働が軽減された分、人間には人間にしかできない仕事に専念してもらいたい**と考えていました。つまりサービスを向上させてもらいたいと考えており、それを事前に伝えてもいたのです。

機械化して人間を切り捨てるなど、考えもしませんでした。

こうして緑旅館のサービスはさらに向上し、日本を代表する「おもてなし」旅館の地位は盤石のものとなったのでした。

トヨタ式に「人間を機械の番人にするな」という言い方があります。

人間に機械の監視をさせるようでは、人間の能力を十分に引き出していないという意味です。

大切なのは機械は機械の仕事をして、人間は人間にしかできない仕事をすることです。

ＡＩ（人工知能）や人型《ひとがた》ロボットなどの発達で、機械と人間の仕事の境界線は徐々に変わりつつあります。

しかし、**機械を入れる目的は人間を切り捨てることであってはならない**という線を変えてしまうと、企業は強みを失ってしまうのではないでしょうか。

もし緑旅館の計画の目的が人員削減だったら、働いている人たちのモチベーションは低下し、計画の実行がスムーズに行かなくなっただけではなく、その後のサービスの質も下がったに違いありません。

PDCAを回す目的は、成果を出し、会社と組織を成長させることだけではありません。**メンバーに意欲や達成感を与えること、個人のプライドを満たすことなど目には見えない目的**が含まれます。

その目的が、たとえば単なる人員削減だけだったとしたら、成果を得られなくて当然なのです。

CHAPTER

2

DO

「今日とりあえずやる」のは最善の困難克服法

"FOLLOW" IS THE ESSENTIAL STEP OF TOYOTA'S "PDCA"

実行こそがPDCAのエンジン

トヨタ式PDCA＋FのDの特徴は二つです。

①まずやる。とことんやる

②熱意を伝えて人を巻き込む

トヨタ創業者の豊田喜一郎《とよだきいちろう》さんは、豊田自動織機の一部門が自動車産業へと進出する時、概略このような一文を残しています。

「一般に日本の技術者は、机上の技術者が多い。知識は相当取り入れているが、いざこれを実行するとなると自信を失い、他人の批判を恐れて断行する力に欠ける。すなわち、批評する力はあるが、実行する力がない」

「技術者は実地が基本であらねばならぬ。**その手が昼間はいつも油に汚れている技術者こそ、真に日本の工業を担う人**である」

この言葉こそがトヨタ式の精神と言えます。時間をかけて十分な計画を立てたなら、ためらわずにやることが大切です。口で言うだけ、頭で考えているだけでは意味がありません。**まずやる。そしてやり切る。**これがトヨタ式のDです。

PDCAがうまく回らない原因のほとんどは、実行力の弱さにあります。弱さの理由はいろいろあるでしょうが、突き詰めると「恐れ」になります。「失敗が怖い」「責任を問われたくない」「反対派から批判される」という感情です。

恐れには、実行を躊躇《ちゅうちょ》しているとますます大きくなるという特質があります。たとえば、失敗した人がすべて臆病になるのではありません。再挑戦しなかった人が臆病になるのです。逆にいえば、再挑戦という実行こそが恐れを解消させる手段です。

トヨタ式では、実行をためらう人に対しては、**叱責するよりも背中を押す言葉をかける**ことが推奨されます。実行すれば恐れはなくなることを、トヨタ式はよく知っているのです。

実行するかどうかわからない計画を真剣に立てる人はいません。実行力がないと、計画を立てる力まで弱くなってしまいます。

DO 1

とにかくやってみよ。やらないと臆病になる

トヨタは改善のPDCA+Fを日々、徹底して回し続けることで世界ナンバーワンに成長した企業です。

- P……真因を考え、改善策を比較検討し、最善の策（計画）を立てる。
- D……**反対や障害があっても断行する**。とにかくやる。とことんやる。
- C……結果を現地現物で見届ける。
- A……問題があれば改善する。
- F……いい改善ができれば標準化したり、他部署に展開したりする。失敗した場合は失敗のレポートを書いて共有する。

企業や人の成長に必要な要素には、すぐれた戦略、アイデア、人材などがありますが、

トヨタ式の場合、「改善のＰＤＣＡ＋Ｆ」がそれらの上位にきます。

そしてトヨタやトヨタグループの人たちが例外なく重視するのがＰＤＣＡ＋Ｆの「Ｄ」です。実行がなければ戦略は意味を持たず、アイデアは潰され、人材が育たないと考えます。トヨタ式の強みは計画をやり切る力なのです。

トヨタ式に「日々改善、日々実践」という言い方がありますが、**改善のサイクルを愚直に回し続ければ、どんな企業や人も成果を上げられる**のです。

トヨタ式は、**実行をあと押しする「とにかくやってみよ」という言葉**を頻繁に使います。それは、豊田喜一郎さんと、父親で日本屈指の発明家だった豊田佐吉《さきち》さんが育てた伝統でもあります。

喜一郎さんは、東京帝国大学（現東京大学）工学部を卒業した理論家でした。一方、佐吉さんは実家が貧しかったこともあり、小学校を出ただけの実践の人です。

喜一郎さんは議論をすれば父親に勝つことから、理論先行の気持ちがありました。しかし、徐々に実行の重要性に気づいていきます。こう言っています。

「父とあることについて議論して私が勝った。すなわち実行してみる価値なしと判断した。

その時、『とにかくやってみよ』と言われたので、やむを得ずやってみた。それが予想を裏切ってよい成績を示したことがあり、これから議論を先にすることをやめた」

「とにかくやってみよ」については、奥田碩さんもこう話しています。

「スピーディにやっていただきたい。**とにかく早くやることが必要**であります。そのために若干失敗されようと、恐れるに足らんと思います。どんなことでも**実行なきところに進歩は生まれてこない**と思います」

かつて若いトヨタマンが、「この問題を直せ」と言われ、大胆な改善策を考えたことがあります。さすがにやるかやらないかの踏ん切りがつかず、迷っていると、上司にこう叱られました。

「お前が何かやったところで、これ以上悪くなることはない。思い切ってやってみろ」

乱暴に聞こえますが、これがトヨタ式「実行」の心構えです。

「考えるな」ということではありません。真因をつかんだ上で比較検討し、「これでいこう」と決めたのであれば、その先の「やるか、やらないか」に無用の時間をかける必要はないということです。

正しいかどうかは、やればわかります。

結果が期待外れならPDCAをまた回せばいいだけのことですし、完全な失敗なら、理由を調べて失敗のレポートを書けばいいのです。

いけないのは、PからDに移る間に時間がかかり、タイミングを逃すことです。大胆な計画ほど反対も多くなります。実行すれば反対者が納得して賛成者に変わる可能性もありますが、**実行しなければ反対者は根回しを始め、勢力を増していく**のです。

迷っている人や自分自身には、「とにかくやってみよ」と声をかけてあげましょう。どんな計画も、やってみなければ結果はわかりません。やってみてこそ、次が見えてきます。PDCAの核心はDです。ためらう背中を押す「とにかくやってみよ」がサイクルを回す魔法の言葉です。

臆病の原因は、実行を回避することにあります。失敗しても、再チャレンジすることで臆病になることを防げます。「もうダメだ」と**再チャレンジを避けるから恐怖心が増し、臆病になってしまう**のです。

実践の人になる秘訣は、実践を続けることにあります。

2 DO

「今日やる」にこだわれ。その責任感を周囲も支援する

部下のプランやアイデアに対して、「ノー」ばかりを口にする上司がいます。

「前例がない」「そんな予算がどこにある?」「どう責任を取るつもりだ?」「以前に似たようなことをやったがダメだった。今度もムリに決まっている」「上が許すわけがない」……表現はさまざまですが、要は「やりたくない」「変えたくない」のです。

こういう上司が何人かいると、部下の士気がくじけ、アグレッシブな実行の気風が育たなくなります。

よどんだ空気を変えるにはどうすればいいのでしょうか。

黒川工業(仮名)の工場が「すぐやるチーム」という部署を立ち上げたことがあります。

その日のうちにできることを「とにかくやってみる」ためです。

たとえば、当直の人間が夜に工場を見回り、「モノが片づいていない」「コードが多すぎて危険である」といった気づきを日誌に書き込んでも、従来は、それを見た管理職が担当部署に「やっておいて」と伝えるだけでした。

「わかりました」という返事は返ってきますが、担当部署は「忙しいから」とあと回しにし、最終的にはみんなが忘れてしまうのが普通でした。

さらに問題なのは、アクションが伴わない**「書いただけ」「伝えられただけ」だと、「悪口を書きやがって」という感情問題になりがち**なことでした。ただの「告げ口」では、いいことは何ひとつありません。

そこで黒川工業は、日誌に書かれたことを見た管理職が「具体的にどう改善するか」を考え、「すぐやるチーム」がその日に実行する態勢にしたのです。

できるところまでではあっても、**その日のうちに何かを変えれば、「みんなで気づいて、みんなで工場をよくしていくPDCA」が回り始めます。**「仕事がやりやすくなった」「ヒヤリハット（重大事故につながったかもしれない危険）が少なくなった」という成果がすぐに出ます。

こうして黒川工業では、積極的に問題を指摘し、問題はスピーディに解決していくという空気がみなぎるようになったのです。

「その日にこだわることはない。チョコチョコやらず、日誌に書かれたことを1ヵ月分くらいまとめてやればもっと効率的だ」と思う人がいるかもしれませんが、違います。

そうなると会議が必要になるでしょう。会議にかけてみんなで話し合うとなると、余計な時間もかかり、実行も先延ばしになりやすいのです。**「気づいたときにすぐ」「その日のうちに」というスピードが、実行のエネルギー**なのです。

大野耐一さんは、「もし二つのアイデアがあって、**どちらがいいか決めかねる時は、あれこれ議論するのではなく、二つともやってみればいい**」と話していました。

そうすれば、実際的な優劣がわかるうえ、「ここを直せばもっとよくなる」といったことにも気づくことができます。

会議を開いて議論すれば、変化を嫌う人たちが「これはダメ、あれはダメ」と、できない理由を言いつのるばかりになります。そんなムダな時間を費やすぐらいなら、まずやってみて、結果を見て考えることです。それこそPDCAを回すことです。

3 DO

「わかった」と安易に言うな。実行したあとで言う

前項の黒川工業も、「すぐやるチーム」ができる前は、「わかりました」と言うだけで実行しない会社でしたが、計画に実行が伴わないケースはどの世界でも多いものです。

かつてサッカー日本代表を率いたある監督が、「戦略を説明して『わかったか』と聞くと、みんな『わかりました』と答える。それなのに、実際にはやらないし、できないことがよくある。**『わからない』『納得できない』なら、そう言えばいい**のに、なぜ『わかりました』と言うのか」という意味の嘆きを口にしていました。

くり返します。「これでいこう」となったら、そこから先は「やるかやらない」かを考える必要はありません。やって結果を見て、次を考えればいいのです。

奥田碩さんは、こう言っています。

「会社でも言っていることですが、『百の説法よりも一つの実行だ』と。理屈をこねる人

間はたくさんいますが、実行できる人間はなかなかいません」
「いったん目標を掲げれば、それを完遂すること。**青写真を描くだけで満足していては、会社はだんだん弱くなる**」

あるメーカーの工場で小さな事故が多発したことがあります。幸い人命に関わるような大事故はありませんでしたが、放置すれば、いつか大事故につながる恐れがありました。そこでメーカーは生産部門の責任者で取締役の藍田さん（仮名）を工場に常駐させて、「ゼロ災」（事故の根絶）を目ざすことになりました。

藍田さんが強く感じたのは、「整理整頓」「安全第一」といったポスターが貼られ、朝礼でも同様の言葉が唱和されているのに、**行動がさっぱり伴わず、従って意識改革もされていない**現状でした。

災害を防ぐために必須の5S《ごエス》（整理、整頓、清掃、清潔、しつけ）はないがしろにされ、工場は「これでは事故が起きても仕方がない」というほど乱雑な状態でした。

何より気になったのは事故が起きた時、現場に管理職が誰ひとり行かないことです。部下の報告を聞いて、「これから気をつけろ」と言うだけですませていました。

これでは「整理整頓」「安全第一」といった言葉がいくら飛び交っても、何も変わるわけがありません。

藍田さんは、無意味なポスターをはがし、朝礼での唱和も中止しました。そして行動を起こしました。こういったことです。

①みずから動く

どんな小さな事故でも、取締役である藍田さん自身が現場に駆けつけ、「なぜ事故が起きたのか」を調べ、その場で徹底した改善を行いました。

②すぐに動く

改善チームをつくって工場を徹底点検し、少しでも問題がある箇所は、すぐに責任者に指示し、その日のうちに改善するようにしました。

トヨタ式に「**わかったということは実行すること**である」という言葉があります。トヨタ式を熟知する藍田さんは、この言葉を体現することで現場を変えようとしたのです。

やがて現場はきれいに整理整頓されるようになりました。それに伴ってみんなの意識も変わり、事故の件数は急速に減ったのです。

4
DO

実行は順調な時に。不調になると手が限られる

大きな変化を起こす時ほど、選択肢はなるべく多くほしいものです。時間や予算のゆとりも確保したくなります。失敗に備える必要もあるでしょう。

一方で、人は目の前に危機が迫った時ほど、行動力が高まります。「今これをやらなければ会社が潰れる」というほどの危機に直面すれば、どんな人でも「何がなんでもやる」と奮起します。

しかし、時すでに遅いのです。追い詰められてからでは選択肢はほとんどなく、時間に迫られ、予算も限られます。少しの失敗も許されません。**危機に直面してから大きな変化を起こすのは、きわめて難しい**のです。その場しのぎの対策を実行するのがせいぜいとなり、危機を克服できずに破綻することが少なくありません。

大きな変化は、余裕があって「まだ変える必要などない」という時にこそ起こさなければ

ばならないのです。

1990年にトヨタは巨大化による組織の不具合を解消しようと、大改革に着手しました。技術部門の部署を半減し、主査の調整業務を大幅に減らしてコミュニケーションの速い組織に大転換を図ろうとしたのです。

周囲からは反対の声が聞こえてきました。

90年というと、日本はまだバブル景気を謳歌しており、高級車が飛ぶように売れていた絶頂期です。ほとんどの人は「今のままでいい」と考えていました。「こんなに儲けている時に、なぜ改革が必要なのか」「せっかくうまくいっているのに、変えて失敗したらどうするのか」という反対論は強かったのです。

改革の責任者はこう答えました。

「**今せねばいいかん**のよ。今のうちなら、まだ金にも余裕があるから、失敗してもやり直しがきく。とにかくやってみよう」

トヨタ式は、こうした好調時の改革を好みます。理由はこうです。

「問題が顕在化してからでは、取り返しがつかない。その前に解決しなければならない」

好調だからといって**問題を先送りすると、いずれ大きな問題が起こります**。大きな問題を解決するには莫大な経営資源が必要になります。もし不調に陥っていたら乏しい資源しか投じられず、十分な実行はできにくくなります。時間に迫られて失敗でもしたら致命傷になりかねません。

「改善は景気のいい時にやれ」というのがトヨタ式なのです。

合理化を例に、大野耐一さんが概略このようなことを話しています。

「合理化は、景気のよい時、あるいは儲かっておる時にやるべきである。貧乏してからやる合理化は、もう首切り以外に手がなくなってくる。減量経営もそうだ。本当に苦しくなってから贅肉《ぜいにく》減らしをやろうとしても、もう落とすべき贅肉もない。**必要な肉まで削り取ってしまっては、本当の意味の減量に成功したとはいえん**。景気や業績のいいうちに合理化をやるということが、一番大事なことじゃないか」

ＰＤＣＡも同じで、「いつサイクルを回し始めるか」という時期がとても大切です。理想は、課題や問題がまだ顕在化しないうちに気づくことです。時間をかけてしっかりと真因を探り、十分に比較検討された計画を立てることができます。

もちろん、現実は理想通りにはいきません。課題や問題がある程度顕在化してから気づくことがほとんどでしょう。

その場合は、**気づいたらすぐにサイクルを回し始める**ことが肝要になります。

とはいえ、真因もわからないまま走り始めると成果を上げられない危険が大きくなります。「計画」にはどうしてもある程度の時間がかかりますから、ますます「実行」は間髪を入れずにやらなければならないのです。

中国古典『孫子《そんし》』の「将《しょう》の五危《ごき》」という箇所に、こんなことが記されています。

- 必死になってはいけない。

必死になると思慮が浅くなり、敵の術中にはまって殺される。

- 必生を願ってはいけない。

戦いの目的を生き延びることに定めると臆病になり、敵の捕虜になる。

ビジネスでも、危機に陥って必死になると改革はできません。「今のままがいい」としがみついても、改革はやはり困難です。思い立った今、行動を始めるのがいいのです。

5

DO

人にムリを強要しない。動くまで粘り強く説得する

どんなにすぐれた計画でも、反対する人が必ず出てきます。こんな理由からです。

- 人間は、自分が経験していないことを恐れ、反対する傾向がある。
- 人間は、自分の利害が関係するとなると簡単には賛成しない。
- 人間には、反対することで自分の存在を誇示するタイプがある。

だから、ＰＤＣＡの中でも「実行」は難しいのです。

トヨタ式でも、**何かを大きく変えようとすると、8~9割の人が反対するか、あるいは様子見を決め込んで積極的に参画しない**ものです。最初から賛成してくれる人は、せいぜい1~2割にすぎません。

とはいえ、計画はスタッフで立てることができても、実行はたくさんの人の賛同と協力がなければ進まない場合がほとんどです。

反対したり、様子見を決め込んだりする人たちをなんとか動かす必要があります。

ある会社が工場にトヨタ式を導入しようとした時も、そんな苦労がありました。

トヨタ式導入プロジェクトの責任者は、生産管理部の係長で、大野耐一さんの指導を受けたことがある金子さん（仮名）でした。金子さんは「うちが成長するか潰れてしまうかは、プロジェクトの成否にかかっている」と会社トップから励まされて改革に着手しましたが、なかなかうまくいきませんでした。

なぜなら、同社は生産管理部とその関連部署だけでなく、工場全体を一気に改革しようとしていたからです。そのため非協力的な部署も多かったのです。

金子さんは、反対を押し切るには権限が必要だと考え、トップにこう言いました。

「非協力的な部署を私の権限の範囲内にしていただければ、この問題を一週間で解決してみせます」

トップは不思議な返事をしました。

「わかった。だが、その前にトヨタの大野さんのところに行って相談してみてはどうか」

金子さんが大野さんを訪ねて事情を説明すると、大野さんの返事も変わっていました。

「一緒に現場を歩こう」

そう言って、2日間もかけて、金子さんをトヨタの各工場から系列企業の工場まで案内して回ったのです。

そのあと、大野さんは「わかったか」と尋ねました。金子さんは、各工場がトヨタ式を確実に実行していることに感銘を受けたと伝え、さらに疑問を率直に口にしました。

「ただ、トヨタ式の基本から外れている箇所がいくつか見受けられました。けれど大野さんは注意をしませんでした。それはなぜですか」

大野さんはこう答えました。

「わしだって辛抱してるんだよ。**仕事は権限や権力でやるもんじゃない**んだ。権限を大きくしたって、決していいモノができるわけではない。モノづくりは人づくり。人の指導の仕方ひとつだ。**大切なのは現場の人たちに対する粘り強い理解と説得**なんだ」

大野さんはトヨタの役員であり生産部門の責任者です。「怖い人」と恐れられる指導者でした。それほどの人間でも権限や権力に頼らず、辛抱強く説得し、時間をかけて理解を得るというやり方でトヨタ式の定着を進めていたのです。

それまで金子さんは「トヨタ式の導入はみんなにとってよいことだ。自分はトップから導入を任されたのであり、みんなは自分の指示に従うのが当然だ」と考えていました。

しかし、どんなに計画がすばらしく、トップや担当者の意思が強くても、実際に仕事をしている人は、自分が変わることに抵抗があるのです。**「できればやりたくない」と思う人たちを権限によってムリに動かしても、成果は出ません。**みんなの納得があってこそ、実行が進み、成果が上がります。

金子さんは考えを改め、現場の人たちに「なぜ変えなければならないのか」「変えることのメリットは何か」を根気よく話し、時には自分でやってみせることで少しずつ理解を得るようにしました。やがて金子さんはみんなに信頼されるようになり、それと歩調を合わせるように、トヨタ式の導入もうまくいき始めたのです。

さらによかったことがあります。自分で知恵を出して改善していく風土が会社に生まれたことです。トヨタ式の基本は「みんなの知恵で改善をする」ことにあります。指示命令することと、知恵を引き出すことは対極といえるでしょう。金子さんがやり方を対極的に変えたことは、**自分で考える社員を育てる**ことにつながったのです。

小さく始めて大きく育てよ。一気にやると反対が増える

6
DO

「すぐにやる」ことは、必ずしも「一気にやる」ことを意味しません。

スピード感を持って計画を一気に断行するのは理想的ですが、現実には、そうすると反対者が増えてしまったり、あるいは問題が頻発した時に対応が難しくなることもしばしばあります。

そんな時、トヨタ式はよく、「小さく始めて大きく育てる」方法を取ります。

部分限定で実行を始め、その結果を見ながら残りをどうするか決めていくやり方です。

いわば、**大きなPDCAのDの中に、別の小さなPDCAをつくって回す**のです。

その代表が、モデルラインを使ったやり方です。

ある建材メーカーのトップ柿沢さん（仮名）は、業績が好調であるにもかかわらず危機

感を抱いていました。

同社はこれまで大量生産方式でやってきたのですが、消費者の嗜好《しこう》が多様化する中で、ドアやサッシといった建材にも多品種少量化の波が押し寄せており、「今のやり方を続けていたら、いずれ大変なことになる」と考えたのです。

同じ製品をまとめてつくる大量生産方式のまま多品種少量化に応えようとすると、製品の大半が在庫に回ることになります。在庫は消費者の嗜好が変わればもう売れず、**大量の不良在庫となって経営を圧迫する**のです。

柿沢さんは大量生産方式をやめ、売れに合わせて1個ずつつくるトヨタ式に変えることを決めます。

しかし、一気に変えようとはしませんでした。

社員数が100人ほどですから、強引に命令することもできました。しかし、それでは現場の人たちの理解と納得は得られません。計画の実行には現場で働く人たちの理解と納得が欠かせない、というトヨタ式に反してしまいます。

また、新しいやり方にはたくさんの問題が起こるものです。現場の**理解と納得が得られていないと、「それ見たことか」と傍観されてしまい、改善する力を養うこともできな**

いのです。

柿沢さんは、複数ある生産ラインの1本を選び、それをモデルラインにして新しいつくり方を試みることにしました。

たちまち問題が起こりました。必要な部品や部材がすぐに揃わない、作業台が高すぎる、段取り替えに時間がかかりすぎる……。柿沢さんは問題を必ずその日のうちに改善して、翌日に持ち越さないようにしました。問題を持ち越すと不便が長引き、新しいやり方への不満が募るからです。

こうして不満の芽を摘み取る一方で、従来の大量生産方式のラインで働いている人を数名ずつ集め、新しいつくり方を実際に見てもらいながら、「なぜ変えなければならないのか」をていねいに説明しました。

新しいやり方は、言葉で説明されても理解しづらいものですが、**実際に見れば、「何が変わるのか」「どこがよくてどこが悪いのか」「自分はどうすればいいのか」などがすぐに判断できます**。

こうした努力を続けるうちに新しいやり方への理解は急速に深まり、最初は問題だらけだったモデルラインの改善も進んでいきました。

やがて柿沢さんはモデルラインのやり方を1本、また1本と他のラインに広げ、全ラインをトヨタ式に変えることができました。その頃には現場の人たちも全員がトヨタ式のすばらしさを理解し、ＰＤＣＡ＋Ｆもスムーズに回るようになっていました。

その後、業界環境が厳しくなり、同業他社が苦しむような状況になりましたが、その頃には、同社は注文を受けて数時間で製品をつくって出荷できる態勢が整っていました。在庫もほとんど持たずにすみ、厳しい環境の中でも売上を伸ばしていったのです。

モデルライン方式はさまざまところで使われています。

たとえば、あるファミリーレストランチェーンは、何かを大きく変える時は一つの店舗をモデル店にして新しいやり方を試み、徹底して改善を行い、「これで大丈夫」となってから他店舗に展開しています。

「大きく一気に」は華やかですが、「小さく少しずつ」進むほうが確実に成果を得られる場合が少なくないのです。

7 DO

PDCAを見える化せよ。みんなの関心が実行の力になる

計画を確実に実行する効果的な方法の一つに、「見える化」があります。見える化には、こんなメリットがあります。

①関心の低下を防ぐ

計画を実行し始めた頃、メンバーはやる気にあふれ、周りの人たちも強い関心を持っています。ところが、時間が経つにつれて周囲の関心は薄れ、メンバーのやる気まで低下することが少なくありません。

計画の実行をあと押しするのは、実は周りの人たちの強い関心なのです。見える化は、周囲の関心を集め続けてくれます。

②進行状況を共有できる

「次はどうする？」を考え、計画を効率よく実行するには、今どのように進んでいるのか、

どこまで進んだのかをメンバーが常に共有しておく必要があります。**見える化は情報共有の最強のツールです**。

③自然に「評価」ができる

見える化は、行動のムラ、ムリ、ムダをつかむツールでもあります。それはC「評価」や、A「改善」にダイレクトにつながります。

トヨタ式を実践中のある事務機器メーカーが、プロジェクトを組んで、工場のゴミゼロに取り組んだ時のことです。

ゴミゼロを実現するには、工場で働く一人一人が意識を高め、ゴミの分別などに積極的に協力してくれることが必要です。当初はプロジェクトの成果が出なかったため、メンバーは、会社トップに「みんなに『協力するように』という指示を出してほしい」と依頼しました。

すると、トップはこんなことを言いました。

「工場の人たちは今でも大変な仕事をしているのだから、過度の負担をかけないようにしてほしい。みんなが率先して参加できるように楽しく活動を進められるのがいい。そのために**情報は決して飼い殺しにしない**ように」

メンバーは、最初はこの言葉の意味がよくわかりませんでした。

しかし、要はゴミゼロを押しつけるのではなく、情報を公開、共有することで、みんなが楽しく気軽に参加できる活動にしていくことだと気づきました。

実際、それまではゴミの分別をやたら細かくしたり、守らない人に厳しく注意しては、反発を買っていたのです。そもそも「なぜゴミゼロなのか」を説明、共有していないのですから、何を言っても、たとえ理想的な計画を立てても、実行されるはずがありません。

トップの言葉を受け、メンバーは**みんなのアイデアを盛り込んだり、みんなを行動に巻き込んでいくことこそが成功の鍵**だと考えるようになりました。

そして、こんな見える化を始めました。

- 壁新聞をつくって職場に貼り出し、「なぜゴミゼロが必要なのか?」といったテーマをわかりやすく解説する。
- 「分別のその先へ」と題した展示で、ゴミがどのようなものに再利用されているかを実物で示し、ゴミの分別についての理解を深めてもらう。

- ゴミゼロ活動の進捗状況や抱えている課題が一目でわかる大きな表を作成して貼り出し、関心を持ってもらう。
- 社員からスローガンを募集したり、家庭での環境改善提案を募集したりして随時貼り出し、積極的参加をうながす。

こうしてプロジェクトチームはみんなを巻き込み、少しずつ社員の参画意識を高めることができたのでした。

PDCAのサイクルを回す時も同じことがいえます。

実行に移したり、実行を続けたりするためには、本人が強い意識を持つことが必要なのはもちろん、周りの人たちの強い関心が必要です。みんなが計画や進捗状況に関心を持てば、計画はおのずと実行されます。

そこに**達成感や成果だけでなく、「楽しさ」を加味すると**、理想的でしょう。

情報は飼い殺しにすることなく、みんなに見えるようにして、みんなの知恵を借りる。

それがトヨタ式の見える化です。

8
DO
手を動かせ。口先だけではサイクルは回らない

ビジネスでは、計画を立てる人と実行する人が別である場合がよくあります。

計画を立てた側が「これだけしっかりした計画を立てたんだ。結果は必ず出る」と自信満々でも、実行する側が「なぜこんなバカな計画を立てたんだ？　結果なんか出るわけがない。現場を知らないにもほどがある」と文句たらたらということもしばしばです。

こうした行き違いがあっては、ＰＤＣＡのサイクルは回りません。

計画を立てても実行されなかったり、成果が出なかったりした時は、**計画を立てる側にいたとしても、まずは自分が動く**ことが求められます。

日本に本格的なモータリゼーションを起こすことを狙って１９６６年に発売を始めたトヨタ「カローラ」は、爆発的に売れました。そのため生産台数を当初計画の２倍に急増さ

せることになりましたが、エンジン製造に必要な鋳物《いもの》の生産が間に合わなくなりました。生産の計画、調整を担当する桃井さん（仮名）は当然、鋳物工場に「倍つくるように」と厳しく指示します。

しかし、生産量はいっこうに増えないのです。

大野耐一さんの指示を受けて桃井さんが鋳物工場の現場に行くと、鋳物のつくり方に問題があることがわかりました。「あんなつくり方をしていては、生産量が上がるわけがありませんよ」と桃井さんがグチをこぼすと、大野さんはこう言いました。

「それなら、お前が鋳物工場に行ってつくってこい」

桃井さんの担当範囲は鋳物工場を調べ、「どうすれば生産量が上がるか」という計画を立てるところまでです。ところが、大野さんは「実行する」ことまで求めたのです。

トヨタ式に「**診断士になるな、治療士になれ**」という言い方があります。大野さんは、こう話しています。

「現場を診断できる奴はごまんとおる。お前らはそういった診断士じゃない。現場を改善できる治療士じゃないといかん。**いくら診断しても現場はよくならない。現場を改善する**

治療をして、初めてよくなる」

現場を見て、「あそこが問題だから、こうしたらいい」と診断できる人はたくさんいますが、診断通りに実行できる人は、ほとんどいません。計画を批判することは誰にでもできますが、計画を実行するとなると腰が重くなる人が少なくないのです。

言うこととすること、考えることと行動すること、他人を批判することと自分が動くことの間に落差があるのは確かです。

だからこそ、トヨタ式では、**言ったことをきっちりと実行して、計画通りの成果を出せる治療士であれ**と言うのです。

桃井さんはすぐに鋳物工場に指導に行きました。

トヨタ式の「指導」は、口先で指示することではありません。現場の人と一緒に体を動かし、頭を使うことを意味します。信頼関係を築き、実際にやってみせ、一つ一つ納得してもらいます。それだけの**時間と手間をかけてこそ、トヨタ式の指導は進む**のです。

また、トヨタ式の「指導」は、結果を出すことでもあります。大野さんは、部下を協力会社などに出向させる時、「何ヵ月後に戻ってこい」という時間的期限を切りませんでした。

戻ってくるのは「出向先の問題が完全に解決した時」「利益が出るようになった時」です。そうなるまで出向先にとどまって徹底してやり続けろ、ということです。

桃井さんも「結果を出すまでは帰れない」という気持ちで、朝は7時に出社、夜は11時頃まで仕事に打ち込むハードな生活を続けました。

こうして現場を改善、鋳物工場は計画通りの量をつくれるようになったのです。


大野さんを中心に「歩合会議《ぶあい》」が開催されていたことがあります。各工場の生産性をいかに向上させるかを話し合う月例会です。

歩合会議は、トヨタの中でも最も厳しく、しんどいことで知られていました。

理由は、各工場が前月の会議で決めた生産性を達成できなかった場合、「原因は？　解決するには？」を徹底的に解明しなければならなかったからです。翌月の目標も約束させられました。言い訳はいっさい許されず、「実行する」ことのみが求められました。

計画を立てることは実行して成果を上げることです。仮に計画側と実行側が分かれていても、計画側は実行にコミットしなければなりません。

実行力なき計画者や診断士には何の意味もない、というのがトヨタ式の考え方です。

9

DO

チームメートをもっと大事に。絆の強い組織が最も強い

・相手の欠点やミスを受容する。
・常に周りの人々に感謝する。
・目的と一緒に感情も共有する。

これらは自己啓発書の見出しではありません。ＰＤＣＡの「実行」に必要な心構えです。**実行にはチームの協調、周囲の協力が不可欠**です。逆に言えば、**実行は人間関係のほころびが一番出やすいステップ**です。

確実な実行は、人間関係に配慮してこそ可能になります。

トヨタ式に「人間性尊重」という言葉がありますが、それが人間関係の要になります。

張富士夫さんが、概略このような話をしています。

「トヨタ式は、人を大事にしてこそ生きてくる。それが人間性尊重です。人に**生き生きと**

働いてもらうためには、人を大事にしなければいけない。そこから、モノづくりの強さが生まれてくるのです」

「設備を買って、人を放り込んで、材料を渡したら、次から次へとモノが出てくるわけではありません。うまいやり方をどれほどみんなで考えているか。あるいは働く人がどれだけ心を合わせてやっていくか。それによって企業の差が出てくるように思います」

かつて業績不振に苦しんでいたある工場の再建も、人間性尊重から始まりました。

再建のためにトップに就任した珊瑚《さんご》さん（仮名）が最初にやったのは、工場で働く人たちの環境改善でした。

たとえば、壁が薄汚れていた休憩室の壁をきれいに塗り直し、薄暗かった社員食堂の照明を取り替えました。手入れが行き届かなかったトイレも清潔にしました。

あるいは、塗装工程の社員たちが汚れた制服を着て食堂の隅で食事をしているのを見て、多めに制服を支給する制度を整え、こまめに着替えるようにアドバイスしました。

さらに、これまではスタッフが現場の人を呼びつけていた慣習を改め、用事があればスタッフが工場に出向き、現場で現物を見ながら話をするようにしました。

珊瑚さん自身も毎朝、必ず工場に顔を出し、大きな声で「おはよう」と挨拶をし、「何か困ったことはないかい？」などと声をかけて歩きました。もし困りごとがあれば、**その場でできることはその場で改善する**ようにしました。

これらは生産性の向上と直接結びつくことではないように思えます。ところが、1ヵ月、2ヵ月と経つうちに大きな変化が現れるようになりました。

たとえば、欠勤や遅刻が大幅に減りました。おろそかだった5Sが目に見えて進みました。さらには、現場の人たちが率先して花壇に花を植えたり、池をきれいにして魚を飼うようになったのです。

そして、それと歩調を合わせるように製品の品質が向上するようになりました。生産量も計画を達成できるようになり、再建の道筋が見えてきたのです。

珊瑚さんのトップ就任から1年後、工場の視察に訪れた親会社の社長は工場の変わりようを見て驚き、社員を前にこんな話をしました。

「以前の工場は、花は枯れ、池にはゴミが貯まっていました。ところが今は美しい花が咲き、池には鯉が泳いでいます。工場の整理と整頓が行き届いているのにも驚きました。何より驚いたのは、みなさんがとても生き生きと仕事をしていることです。なぜ急に業績がよくなったのか不思議に思っていましたが、工場に来て理由がわかりました」

最高の賛辞でした。

珊瑚さんがトップになって社員を大切にする経営を始めたことで社員の意識が前向きに、そして明るくなったのです。それが欠勤や遅刻の減少につながり、よりよいモノづくりへとつながっていったのです。

徳川家康《とくがわいえやす》は幼少時、子ども同士の石合戦を見て、「人数の少ないほうが勝つ」と言い当てたことがあるそうです。普通は人数の多いほうが有利だと考えるものですが、家康は、**集団戦はまとまりのよいほうが勝つ**と見抜いたのでした。

計画を実行するのが人間である以上、どれだけ本気で取り組んでいるかが重要になります。チームで実行するのであれば、チームワークも大きなポイントです。

PDCAを回す時も、計画の進捗を気にしたり、成果を出そうと熟考したりするのと同じように、人を大切にすること、みんなのまとまりを重視することが求められます。

心の絆を強めてこそ仕事は進むという視点を常に忘れないことです。

10 DO

熱意を示そう。本気の人には誰も逆らえない

実行のエネルギーは、「合理的か」「儲かるか」「熱意を燃やせるか」のかけ算で強くなるといえます。

トヨタ式では「熱意」を重視しており、とりわけリーダーやトップには全力投球することを求めます。**全力で取り組まない限り、人は動いてくれない**からです。

トップの熱意が会社の命運を左右した例は多いものです。同じように工場の生産改革に取り組んだ灰谷産業（仮名）と浅黄社（仮名）がその一つです。

当時、灰谷産業の工場責任者は、従来の大量生産方式に強い危機感を持ち、トヨタ式を工場に定着させようと一生懸命に努力しました。その猛烈な熱意に押されて現場の人たちも努力を重ね、生産改革は順調に進みました。

ところが灰谷産業のトップは無関心で、年に何度か工場を訪れ、短時間滞在してすぐに去るのが常でした。現場の人と話したり、改革の進み具合を聞いたりすることはありませんでした。

こうした状況が続くうちに、何人かの改革反対の人たちが、「この改革にトップは乗り気じゃない。いずれ元に戻るぞ」と言い始めたのです。

責任者の熱意に共感して改革を進めてきた人たちも、「確かにトップは改革を望んでいないのかもしれない」と疑うようになり、改革への熱意は徐々に薄れていきます。

本来、**慣れたやり方から新しいやり方に変えるのは簡単なことではありません**から、熱意を失った人の中には、元のやり方に戻そうとする動きも出るようになりました。

やがて工場責任者が異動になって灰谷産業の生産改革は失敗に終わります。業績は低迷を続け、数年後には経営危機に陥るほどになったのでした。

灰谷産業は危機に直面してから再び生産改革に取り組みましたが、それはまさに、かつての工場責任者がやろうとしていたものでした。社員たちはこう嘆いたということです。

「あの時、トップが少しでも熱意を示してくれたら改革はうまくいったのに、われわれは数年間をムダにしてしまった。**トップが本気でないと、いくら管理職や社員ががんばっても結局はうまくいかない**のだ」

一方、浅黄社のトップは生産改革にとても熱心でした。

実務はプロジェクトチームや部下に任せていましたが、みんなが遅くまで改善に励んでいる時は**必ず現場に顔を出して声をかけました**。すると自然に要望が耳に入ってきて、できることからすぐに応えられるようになりました。改善の発表会にも必ず出席し、生産改革の意義を訴えました。発表を熱心に聞き、一人一人に感謝と激励を伝えました。

浅黄社のある社員はこう言っています。

「生産改革というのは大変な仕事で、最初は『いやだなあ』と言う社員が多かったのです。しかし、トップの熱意を見ていると、とても『やめる』とは言えなくなりました。当社の生産改革は、トップに引っ張られて成功したようなものです」

生産改革は大きなＰＤＣＡ＋Ｆです。リーダーやトップの熱意を欠くことはできません。大野耐一さんは、トヨタ式を始めた頃の心境を、こう振り返っています。

「それこそ経営者になったつもりで始めたんです。『俺の言うことを絶対聞いてくれ。もしどうしても聞けない人は辞めてくれ』とまで言いました。もし失敗したら、もちろんみずから責任を取って腹を切る覚悟でした」

大野さんの挑戦を支え続けたのは、社長、会長を歴任してトヨタ中興の祖の一人といわれることになる豊田英二《とよだえいじ》さんですが、その英二さんも、こう語っています。

「トヨタ式の**仕組みを考えるくらいは誰にでもできる。これをきちんとやれるようにしたことに値打ちがある**」

モノづくりを突き詰めれば、誰もが「ムダを省いたつくり方」に行きつきます。しかし、そのアイデアを現場に広め、定着させるのは大変な苦労です。

それを協力会社にまで広めた大野さんという**「実行の人」がいなかったら、トヨタ式は現場の反対によって消え去る運命にあった**でしょう。リーダーの並外れた熱意と実行力があったから、トヨタ式は世界標準といわれるほどの存在になったのです。

熱意は人から人に伝わるものです。熱意が伝わる時、ＰＤＣＡのサイクルも生産的に回っていきます。

DO

11

タイミングを逃すな。時には失敗覚悟の前進も必要

ＰＤＣＡは**成功を目ざして計画、実行し、課題や問題を見つけて改善しては高みを目ざすサイクル**だということもできます。

最初から失敗覚悟でサイクルを回し始める人はいません。誰もが万全の計画を立て、成功を期して実行します。でなければ、第1章で真因を知らずに計画を立ててＰＤＣＡを回せなかった赤坂産業のようになってしまうでしょう。

しかし、トヨタ式では、あえて失敗覚悟で行動に移す場合もあります。

ビジネスには、予測できない事態が次々と起こります。

トヨタは**計画や準備に十分な時間をかけることで予測できない事態をできる限り避け、確実な成果を上げようとする**会社ですが、「予測できる事態」なら、あえて挑戦して再挑戦の糧にする場合があるのです。

「クラウン」の開発戦略がそうでした。

トヨタが自動車大国アメリカに初めて車を輸出したのは1957年のことです。前年には「もはや戦後ではない」という言葉が流行しており、わずか2台のクラウンの輸出も、トヨタと日本の自動車産業にとって記念すべき出来事でした。

同時に、ほぼ失敗が確実な輸出でもありました。

輸出を強硬に推し進めたのは、神谷正太郎さんです。神谷さんは日本ゼネラルモーターズ（GM）の部長からトヨタに転職した人物だけに、自動車は国際商品であり、いつの日かトヨタ車をアメリカに輸出して外貨を稼ぎたいと考え続けていました。

とはいえ、当時の日本にアメリカで勝負ができる車はありませんでした。

普通は機が熟すのを待つところですが、神谷さんはアメリカ視察によって、アメリカにはヨーロッパ車による小型車市場が生まれつつある↓いずれ輸入制限といった対抗処置が取られる↓実績のない日本車は締め出され、永久に市場に入れなくなる、という不安を抱いていました。

神谷さんは「**傍観している時間的余裕はない**」と考え、ほとんどの役員が「こちらに力がつくまで輸出は見合わせたほうが無難」と考える中、ムリを承知でこう押し切りました。

「商売はタイミングが必要である」

どんなにすばらしい計画でも、タイミングが早すぎればうまくいきませんし、遅すぎても失敗します。**「最善の時」を逃さないことが計画を成功へと導く**のです。

神谷さんにも成功の確信はありませんでした。しかし、タイミングを逃すと将来に禍根を残すことははっきりしていました。だとすれば、やってみるほかはありません。


結果は完全な失敗でした。

市街地でのテストドライブでは各ディーラーが「月500台は売ってみせる」と言うほど高く評価されましたが、高速道路を時速80マイル（約128キロ）で走ると途端にエンジン音が騒々しくなり、力がガタンと落ちたのです。

馬力不足でした。当時のクラウンは日本のガタガタ道を走る力はあっても、アメリカの高速道路を走る力は備えていませんでした。

初代クラウンの開発主査を務めた中村健也《なかむらけんや》さんも、国内のライバルメーカーに負けない自信は持っていましたが、国際競争力は限りなくゼロに近いと考えていました。

結果は中村さんの考え通りだったのです。

しかし、神谷さんは「**失敗を恐れていては進歩はない**」とも言っています。ビジネスとしては失敗しても、将来の輸出だけでなく、技術の向上にも大いに貢献する、という読みでした。開発責任者だった豊田英二さんは、このように決意したと言います。

「クラウンを投入したタイミングは決して悪くなかった。敗因は米国仕様になっていないことにある。自動車は国際商品だから米国市場で売れる車をつくらない限り、トヨタの発展はない。私に与えられた課題は、米国市場にマッチした車をつくることだ」

その後、トヨタは対米輸出を意識した三代目「コロナ」を開発して66年にアメリカに輸出を開始します。

さらに、翌67年に輸出したカローラはベストセラー車となったのです。

張富士夫さんは、こんなふうに言っています。

「失敗を積み重ねて現在があるんだ。**失敗してこそ、次の方向が決まる**んだ。**成功例だけを手にしても、方向性を定めることはできない**ぞ」

この言葉は、ＰＤＣＡを回すうえでも大切な心構えになります。

CHAPTER 3

CHECK

まずまずの結果が出た時に一番多くの問題が見つかる

"FOLLOW" IS THE ESSENTIAL STEP OF TOYOTA'S "PDCA"

チェックは必ず現地現物で行う

トヨタ式PDCA+FのCの特徴をよく表わす二つの言葉があります。

①「結果は見たのか」
②「現地現物」

「結果は見たのか」は、トヨタ式の上司が、「実行しました」と満足している部下にしばしば使う言葉です。

トヨタ式は、「言いっぱなし」や「やりっぱなし」を許しません。「やり切る」ことを求めます。そして、**やり切るためには結果をきちんと見届けることが必要**なのです。

何が正しく、何が間違っていたかを正確につかむには、こんな視点から見届けや見直しを行うことが大切です。

- 過大評価や過小評価がないか
- お客様目線に立っているか

- メンバーの「心」は得られているか
- 成果をあせってプロセスを誤っていないか
- 目的を忘れてラクな方法に走っていないか
- 平均や率ばかりで評価していないか

「平均や率で評価するな」には、「個別の数字で見ろ」と「現地現物で見ろ」という二つの意味があります。

チームでPCDAを回す時や、他の成功例から学ぶ時など、つい報告や数字、抽出されたノウハウだけで評価をしがちですが、それではいいチェックはできません。現地に行って現物を手に取り、実情を自分の目で確かめ、話を直接聞くことが大切です。

そのうえで、期待通りの結果が出ていなかったり、問題が生じていたりした場合は、「なぜそうなったのか」をしっかりチェックして、「次はどうすればうまくいくのか」を考えます。

トヨタ式は、一度でダメなら二度、三度と**挑戦し続けることで最終的にゴールすればいい**と考えます。短絡的に「失敗だ」と決めつけるのはチェックではないのです。

小さな変化を見逃すな。チェックとは微調整だ

1 CHECK

トヨタ式のPDCA+Fでは、**「評価」と「改善」を「C+A」という一つの過程だと見なす**ことがあります。

トヨタのある協力会社に、「知恵のある奴」と大野耐一さんから評価されているトヨタマン桜庭さん(仮名)が、生産改革のお手伝いに派遣されてきました。協力会社の人たちは、どんなすごい改善をしてくれるのか楽しみにしていました。

ところが、最初の1週間は現場をただ見ているだけです。

やがて少しずつ改善を始めましたが、バリバリ進める感じはなく、何かを変えては、働いている人の声を聞くというくり返しでした。

ある日、工場の責任者が、夜遅くに明かりがついている現場に行ってみると、桜庭さんが何人かの社員と一緒に機械設備の改善を行っていました。前日に桜庭さんが改善し、当

日朝から使い始めた機械設備をまた外し、つくり直しているのです。

責任者が「せっかく改善したのに、なぜ？」と尋ねると、桜庭さんはこう答えました。

「よい改善は、働いている人たちの協力がなければできません。私自身が100点だと思っても、実は50点の改善なのです。働いている人たちのアドバイスがあって初めて100点の改善ができます。**みんなの協力が得られるように、みんなが満足するまで何度でもつくり直す**のです」

大野さんに信頼されるほどのトヨタマンであれば、自分の考える改善を行って、「この通りにやってくれ」と命令することもできます。そのほうが生産改革は早く進むはずです。

しかし、それでは現場の知恵の入らない改善、改革になってしまいます。

Aさんは現場を見て改善し、みんなの声を聞いてまた改善し……をくり返すことで、現場の知恵の入った改善を進めようとしたのです。

いわば、「**小さなC＋A↓小さなC＋A↓小さなC＋A↓結局それがA**」というサイクルの回し方だったのです。

桜庭さんのやり方が、トヨタ式でいう微調整です。頭の中にどんなにいい計画が描けていても、強引に推し進めることなく、みんなの意見を吸い上げ、微調整を加えながら少しずつ実行していく方法です。

手間はかかりますが、最終的にはみんなが納得する結果を出すことができます。

さらに、微調整の過程で、**みんなが知恵を出す風土をつくるというトヨタ式の根幹**を根づかせることができるのです。

世界最大の複合企業GE（ゼネラル・エレクトリック）の前CEOで「伝説の名経営者」と称賛されるジャック・ウェルチは、トヨタ式と縁の深い人物です。

トヨタ式は、1980年代にアメリカで「リーン（ムダのない）生産方式」という名前で再体系化されていました。ウェルチは、品質管理手法の「シックスシグマ」とリーン方式を合体させた「リーン・シックスシグマ」を導入することで、危機に瀕していたGEを再建させたのです。

そのウェルチが、こんなことを言っています。

「事業というものは、もっともらしい計画や予測を立てるから成功するのではない。**現実に起こっている変化を絶えず追いかけてそれに素早く対応する**からだ」

つまり、実行しながら変化をとらえて微調整を行うC＋Aが大切なのです。

大野耐一さんは、自分の指示したことが「間違っておったな」と気づいたら、すぐに改める人でした。こう話しています。

「命令を出した以上、その結果を見て、あるいは環境の変化によって、これは間違っておったなと思ったら、夕方まで待つのはいかんのじゃないだろうか。**朝令暮改ではなく、朝礼昼改でもいい**んじゃないか」

大野さんはトヨタ式の基礎を築いた人ですが、自分の指示がすべて正しいとか、全部うまくいくとは思っていませんでした。トヨタ式という誰もやったことのないやり方を試みる以上、間違いもあれば、うまくいかないこともあって当然だと考えていました。

だから大野さんは部下に、指示したことはすぐやるように求めました。「目の前でやってもらえば、自分の責任で訂正ができる」からです。

ＰＤＣＡの「計画」を立てたらすぐ実行することが必要なように、「評価」をしたらすぐに改善をすることが大切です。

CHECK

2

柔軟に動け。計画通りがベストとは限らない

「計画を実行する」ことと「計画通りに実行する」ことの間には大きな差があります。

真因をつかみ、複数の案を比較検討して最善のものを選んで練った計画ですから、「計画通り」に実行したいのが当然です。

しかし、市場は、大きな経済的ショックがなくても、常に漸増、漸減、出現、消滅といった変化をくり返すものです。**どんな綿密な計画を立てても、市場との間にズレが生じてしまいます**。

にもかかわらず、市場の変化と計画とのズレを無視して「計画通り」に固執してしまうと、結局はどこかで大幅な計画変更を余儀なくされます。計画そのものが失敗の烙印《らくいん》を押されることにもなりかねません。

「いったん決めた以上は、その通りに」「計画を安易に変更するのは恥ずかしいことだ」

などとこだわっては、ＰＤＣＡは回せません。

Ｃ＋Ａをくり返すことで微調整をすることが大切になるのです。

トヨタ式のＣ＋Ａの一つに、「かんばん」があります。

たとえばＹ４台、Ｚ６台の計画だった日の実際の生産数が、市場の動向に合わせてＹ６台、Ｚ４台になったりすることがあります。トヨタ式では、こうした変化への対応は、かんばんの出し方だけでできます。いちいち会議を開いたり、誰かが変更のために走り回ったりする必要はありません。

かんばんは、次のような考え方に基づいています。

「市場が完全に読み切れない以上、状況が変われば、やり方を変えていくのも当然であるし、また**変化に対応できるよう現場の体質をつくり上げていくことが大切**である」

もちろん、「どうせ決めても途中で変わるのだから」と最初からいい加減な計画を立てるのは許されません。しっかりした計画をつくり、着実に実行する過程で、たとえば数量の増減とか、品種の入れ替えといった変化が起きた時には、現場が柔軟に対応できるように微調整機能を持たせるのです。それをＣ＋Ａと考えていいと思います。

3

CHECK

現場から目を離すな。PとDのズレがわかるまで観察する

トヨタ式PDCA+Fの評価（チェック）をするポイントを3〜7項で述べましょう。

まず、当たり前のようですが、実行したらそれで終わりではないということです。

チェックすることは、「言いっ放し」「やりっ放し」にしないということでもあります。

あるトヨタマンは若い頃、**上司から問題を指摘されると、すぐに改善する**ようになったと言います。理由はこうです。

「翌朝、直っているかどうかを上司が必ず見に来るわけです。まず『悪い点をチェックしろ』と言われ、次に『なぜそうなっているか考えろ』『原因がわかったらすぐに直せ』と厳しく迫られます。最後に『直したら本当に直っているか、もう一度自分の目でチェックしろ』とダメ出しをされるのです」

この上司のような**徹底したチェックがあって初めて、計画は「言いっ放し」ではなくな**

り、実行は「やりっ放し」ではなくなります。

若いトヨタマン朱雀《すざく》さん（仮名）が、大野耐一さんから「あの工程に問題があるから直しておけ」と言われました。朱雀さんは現場に行き、真因をつかみ、複数の改善策を比較検討して、しっかりと改善を行いました。

「言われたことはやった」と安心して仕事に戻ると、しばらくして大野さんから呼び出しがありました。あわてて現場に駆けつけると、大野さんは黙っています。やがてこう言われました。

「そこの床に円を描いてみろ」

小さな円を描くと「大きく」と言われ、人が入れるほどの円を描くとこう言われました。

「円の中に立って見ていろ」

なんのことかわからないままじーっと立っていると、夕方に大野さんが来て、「わかったか」と聞きます。「わかりません」と答えると、こう指示されました。

「じゃあ、明日もそこに立っていろ」

翌朝も円の中に立っていると、昼前に大野さんが来て、再び「わかったか」と聞くので、朱雀さんは何もわかっていませんでしたが、「わかりました」と答えました。すると、大野さんはこう言いました。

「お前が改善をしたために、以前よりもやりにくくなっている。食事のあと、悪くなったところをすぐに直せ」

確かに、直す前に比べて、働いている人たちの動きが窮屈になっていました。実際に話を聞くと、「やりにくいなあ」という声がほとんどでした。

朱雀さんは確かにそれなりの改善をしたのですが、「結果を見届ける」というチェックが抜け落ちていました。**やりっ放しなのに「改善を終えた」と思い込んでいた**のです。大野さんはすぐにそれに気づき、結果を見届ける大切さを教えようと、朱雀さんを円の中に立たせたのでした。

計画を立て、実行することは、結果に対して責任を負うことでもあります。計画と実行のズレはどこにどれくらいあるか？　十分な結果は出ているか？　を責任を持ってチェックし、不具合があれば問題を見つけ、よりよい結果が出るように改善をする。それがＰＤＣＡのサイクルを回すことになります。

CHECK 4

目的に沿っているかを見る。ラクな手段に走っていないか

チェックをするポイントの一つに、**目的と手段を混同してしまい、肝心の目的を忘れていないか**ということがあります。

目的と手段を混同することは、案外少なくないからです。

たとえば、トヨタ式で使う情報伝達票の一種「かんばん」がそうでした。

トヨタ式はかつて「かんばん方式」と呼ばれたことがあるほど、かんばんの威力は凄いものがありました。しかし、一方で、大野耐一さんが「トヨタ式をやっています」という工場を訪ねると、立派なかんばんをつくっているだけで肝心の運用がされていないということがよくありました。

在庫が増えるなどといったムダが、ちっとも改善されていないのです。

かんばんは、在庫を減らし、「**必要なモノを、必要な時に、必要なだけ**」というトヨタ

式を実現する手段にすぎません。しかし、当時は、つくり方を根本的に変えるという目的にはあまり手をつけず、立派なかんばんをつくって、トヨタ式を実践しているつもりになっている企業が多かったのです。

ＰＤＣＡでも、サイクルを回すこと自体に一生懸命になっているうちに、目的を忘れてしまうことがあります。そうなると、ＰＤＣＡは、あらぬ方向に迷走してしまいます。手段が目的になるのを防ぐには、常に**「目的は何か」をチェックしながらPDCAを回すこと**が大切になります。

いつも多くの患者さんが訪れる茜《あかね》病院（仮名）の院長、茜さん（仮名）には悩みがありました。診察や検査、会計が終わるまで2時間近く患者さんを待たせてしまうことです。

茜さんは病院のスタッフを集めて、待ち時間解消のプロジェクトを立ち上げました。待ち時間を、まずは半分の1時間にしようというのが目的でした。

いくつものプランが出ましたが、診察や会計のやり方をがらりと変える必要があるものは時間と手間がかかるためにあと回しにして、まずはやりやすいところから実行することになりました。それは、待ち時間を快適に過ごしてもらう改善でした。

- 雑誌や新聞、本をたくさん用意して自由に読めるようにする。
- お茶やコーヒーなどの飲み物を自由に飲めるようにする。
- マッサージチェアを何台も置いて、無料でマッサージを受けられるようにする。

改善は好評でした。マッサージを受けながら「これなら2時間くらい平気で待てるよ」と笑う患者さんもいたほどです。そんな声を受け、快適に過ごしてもらう改善が次々と実行されていきました。

しかし、やがて院長の茜さんは、「もともとの目的である待ち時間の短縮はどこへ行ってしまったのか」と疑問を持つようになりました。プロジェクトの関心が、いつの間にか待ち時間の快適化に移ってしまい、待ち時間はそのままになっていたのです。

茜さんはトヨタ式のコンサルタントの力も借りてプロジェクトを進めることにしました。

コンサルタントが現場を調べると、診察や検査、会計などに必要な時間はわずかでした。しかし、それぞれに**時間の小さなムダがたくさんあって、それが積み重なって長い待ち時間を生んでいる**ことがわかりました。

その真因は動線の悪さにありました。病院がモノであふれ返っているため、必要な薬品や医療器具を探すために時間がかかったり、移動もモノをよけながら歩かなければならなかったりしていました。

本来はこうしたムダの解消から始めるべきですが、**人間はついラクなほう、手をつけやすいほう、効果が目に見えやすいほうを優先してしまう**傾向があり、プロジェクトも例外ではなかったのです。

茜病院はすぐに病院の整理整頓を実行しました。不要なモノを処分し、必要なモノが誰にでもすぐに取りだせる職場をつくり上げました。さらに、患者さんのカルテをトヨタ式の「かんばん」に見立てて、スムーズな流れを実現しました。

こうした改善が功を奏して、茜病院の待ち時間は1時間を大幅に切り、目的に一歩近づくことができたのでした。

紙に書き落とすという最も基本的な見える化をしておくことで、目的を外れてしまうのを防ぐことができます。

それをせず、茜病院の取り組みのスタート時のように、真因に切り込むのは大変だからと周辺のことから実行してしまうと、目的を見失ってしまうことがあります。

CHECK 5

平均や率を過信するな。改善点は個別の数字から見つかる

チェックする時のもう一つのポイントに、**「平均」を重視しすぎるな**ということがあげられます。

たとえば「在庫を20％減らせ」という計画があった時、20％という数字は、平均値だと考えたほうがいいでしょう。個々の製品を見ると、「製品Xは40％減、製品Yは30％減が可能だが、製品Zは逆に10％増の必要がある」といったバラつきがあることが多いのです。そこに目配りすることを怠って一律20％減らすと、目標数字は達成できたものの、必要な在庫はなく、不要品の在庫ばかりあるといった悲惨な状況に陥るかもしれません。

イトーヨーカ堂の伊藤雅俊さんが在庫のムダの解決のために大野耐一さんを訪ねた話に第1章で触れました。

在庫が多すぎると悪いのはどこでも同じですが、流通業界の場合、在庫が少なすぎると「あれば売れたのに」という品切れによる機会損失が発生してしまいます。

当時のイトーヨーカ堂は平均3ヵ月の在庫を持つことで対処していましたが、現実には在庫不足や不良在庫といった不具合が多く、伊藤さんは、**適正な在庫を保つにはどうすればいいのか**を大野さんに相談したのです。

大野さんはこうアドバイスしました。

「それぞれの品物の在庫内容を細かくチェックされてはいかがですか」

こういうことです。

- 売れる製品は在庫ゼロに近いかもしれない。
- 売れない製品は6ヵ月もほこりをかぶっているものもあるだろう。
- 両者を平均して3ヵ月という数字になっているのではないか。
- そんな平均数字で在庫管理をすると、いつまでたっても適正在庫の実現はできない。
- **平均の数字を離れ、まずは一つ一つの製品の在庫を個別につかむ**ことだ。

そのうえで、大野さんはこう提案しました。

・製品一つ一つの前工程にさかのぼり、「なぜ売れないのか」「なぜ在庫が不足するのか」を徹底的にチェックしたらどうか。

大まかな「平均」では改善はできません。いい改善を行うには、個々の情報をつかむことが必要だというのが大野さんの考えであり、伊藤さんは大きな示唆を与えられたと言われています。

同じように、**率だけでチェックをするのも危険**です。個々の数字を見る必要があります。ある宅配便会社で、期日通りに届けられない未達率が1年間で5%から4%に改善したという報告が出た時、トップは「個数は？」と質問しました。

前年の取扱個数は1億個で未達率5%。500万個が未達だったことになります。今年の取扱個数は2億個で未達率4%。800万個が未達でした。

未達率は低くなったのに、未達個数は300万個も増えていたのです。これを見落として、「うまくいっている」と評価したら大変なことになってしまいます。

平均や率といった全体の数字だけでなく、個々の数字もチェックしてこそ、初めて本当の問題がわかるし、何を改善すればいいかも見えてくるのです。

CHECK

6

成功した時ほど精査せよ。勝利の中にも問題は多くある

チェックをする時のポイントが、さらに二つあります。

- 実行のプロセスをチェックする。
- うまく実行できた時ほど厳しくチェックする。

トヨタ式の特徴は、結果よりもプロセスを重視するところにあります。

たとえば不良品を市場に出さないためには、検査を強化して良品のみを市場に出す方法を取る企業が多いと思います。しかし、これでは良品を市場に出すことはできても、不良品そのものを減らすことはできません。

トヨタ式は、生産の過程で不良品が出たならすぐにラインを止めて改善を行うことで、不良品そのものをなくそうとします。つまり、プロセス管理です。トヨタ式では、これを

「品質は工程でつくり込む」とも言っています。

PDCAにおいても、計画を実行して成果を出すことは大切ですが、それ以上に、どのようなプロセスを踏んで実行したかをより重視します。**プロセスがしっかりしていれば、誰がやっても、何度でも同じ成果が得られる**ことになります。幸運や偶然、特別の才能などという要素をできるだけなくし、PDCAから標準作業（最も効率がいいと考えられるやり方）を導き出そうとするのです。

偶然の要素をなくすためには、実行がうまくいかなかった時は、「なぜうまくいかなかったか」をしっかりと反省して改善を行うことはもちろんですが、**実行がうまくいった時も「なぜうまくいったのか」をしっかりと検証する**ことが大切です。

ボクシングの世界に「ラッキーパンチ」という言い方があります。試合そのものは押されていたにもかかわらず、一発の偶然のパンチによって勝利を手にすることは少なくありません。

他のスポーツでも、そしてビジネスの世界でも、ラッキーパンチに助けられるケースはあるものです。そんな時、「勝ちは勝ちだ」と喜ぶのはかまいません。しかし、「結果がすべてさ」と、プロセス抜きの勝利だったことを忘れ、自分の実力だと勘違いすると、大きな間違いを犯すことになります。

偶然の勝利は「まぐれ当たり」として忘れ、そこから次への教訓を得ることが大切なのです。大野耐一さんがこう指摘しています。

「目標を達成できなかった時の原因は誰でも追及するが、達成した時の反省はほとんどしない。なぜ達成できたかを突っ込んで調べて活用することが大切だ」

トップに立つような人は、勝った時にこそ厳しい反省を行います。

スポーツの例が続きますが、サッカーのブラジル代表の主将や監督を務め、日本でもプレーした闘将ドゥンガはこう話しています。

「**勝利は多くの欠点を隠してしまう**ものだが、勝者こそ、目を大きく見開かなければならない」

ドゥンガは勝つことに凄まじい執念を燃やした人ですが、勝ってなお問題点を探して改善しようと執念を燃やしたところが非凡なのです。

勝利の中にも実はたくさんの問題があり、たくさんの直すべき点があります。それをチェックせず、**勝利に酔うばかりだと、次には足元をすくわれてしまう**でしょう。

勝利のあとの反省の大切さは、平泳ぎの五輪メダリスト、北島康介《きたじまこうすけ》さんを育てた水泳コーチの平井伯昌《ひらいのりまさ》さん（現東洋大学水泳部監督）も指摘していました。

平井さんは、結果が出た時に**「なぜ勝てたのか」をしっかり分析しておかないと、不調に陥った時に「どうすれば調子が戻るか」がわからなくなる**と言っています。

「十分な成果が上がった」「期待をはるかに上回る結果が出た」という場合のチェックは、どうしても甘くなりがちです。

「うまくいったからこそしっかり検証しなくては」と提案しても、「うまくいったんだからいいじゃない」「まあまあ、固いことは言わずに」と聞き流されてしまうことがほとんどでしょう。

つまり、多くの人が、うまくいった時のチェックをしないのです。だからこそ、そこでチェックすれば大きな差をつけられます。

CHECK 7

悪い情報を伝えた人を免責せよ。データの加工や隠蔽を防ごう

とくにリーダーがチェックをする時のポイントに、「バッド・ニュース・ファースト」**の環境をつくれ**ということがあげられます。

たとえばこんなことです。

- 悪い情報を伝えられたら、まず「ありがとう」と礼を言って、「**悪い情報を伝えた人は免責されるんだよ**」という含みを示す。
- 責任追及より原因追求を優先させる姿勢を日頃から明らかにしておく。
- 間接情報よりも、現場情報、当人の証言を重視する。

中堅企業の経営者、山吹さんは事務系の出身ということもあり、役員会や各種の会議で技術系の話になると、技術系役員の報告をそのまま信じ、了承を与えていました。

しかし、業績が徐々に下がり始めたのです。山吹さん自身も「情報伝達がおかしい」と感じるようになりました。

そこで、役員の**報告をチェックするために現場に頻繁に足を運び、現場の人に話を聞く**ようにしました。すると、役員の言葉には多くの嘘や誇張があり、都合の悪いことは隠していることがわかってきました。

これでは正しい経営判断ができるわけがありません。業績が下がるのも当然でした。

一方で山吹さんは、報告を聞くだけで了承を与えていた自分にも非があると考え、役員を叱責はしませんでした。それでも役員は、経営者みずからが頻繁に現場に足を運んでいると知って、悪い情報を伝えるようになりました。

また、現場で情報をチェックする習慣がついてからは、山吹さんは話を聞いた時に「何かおかしいな？」と気づくカンが働くようになりました。

すべてがいい方向に回り始め、会社の業績も上向くようになったということです。

トヨタ式では、生産ラインに問題が発生した時は、問題の大小を問わずラインをすぐに止めます。

現場にとって、ラインを止めるというのは大変なことです。普通は、よほどの問題が起きなければラインは止めません。しかし、トヨタ式は不良が1個でも出れば、あるいは作業に少しでも遅れが出れば、すぐに止めます。

理由は、**問題が起きたことが、みんなに一目でわかるようにする**ためです。

問題がみんなに見えれば、みんなが改善の知恵を出すことができます。

そうやって、その場で改善をすれば、二度と同じようなトラブルは起きなくなるというのがトヨタ式の考え方です。

これが「バッド・ニュース・ファースト」です。

よい情報は、何も言わなくても伝わってきます。しかし、悪い情報は、「表に出せ」と言っても、なかなか伝わってきません。隠されてしまうのです。

だから、悪い情報はすぐにみんなに見えるようにするのです。それでこそ、次の手を打つことができます。

ある企業の経営者は、いつも「玉ねぎは泥つきのまま持ってこい」と言っていました。

情報を加工するなということです。情報を加工されると、リーダーは目隠しされたも同然になります。

- 悪い情報を隠されると、正しい判断が不可能になる。
- **関心のありそうな情報ばかり出されると、自分の興味の限界を突破することができなくなる。**
- 情報を誇張されると、みんなと事実を共有することが難しくなる。
- 情報に嘘を混ぜられると、計画や実行といった情報の先にある行為までが不正になってしまう。

チェックをする時は情報を鵜呑みにせず、自分の直感や疑問を大切にしなくてはいけません。

そのためには、玉ねぎは「泥を落として、皮をむいて持ってくる」のではなく、掘り出した状態のまま、時間をおかずに持ってこられるような環境をつくっておくことです。それがリーダーの役割の一つです。

CHECK

8

挑戦的な失敗は評価する。何も変えない「行動」は無価値

ＰＤＣＡを回す時、失敗をどう評価するかが大きな問題となってきます。

トヨタ式は、**失敗を前向きに評価する**ようにしています。

トヨタ歴代のトップが、こんな言葉を口にしています。

「どんな理想も実現されなければ、それは単なる理想でしかありません。**実現するということは、行動すること**です。私たちのたくさんの行動の中には失敗も多いと思いますが、失敗はどんどん改めて次の行動に移り、あくまでも目標を達成するまで努力することが必要であります」（豊田英二さん）

「何もしない、**何も変えないことが悪いことだ**と考えてほしい。トライして失敗すれば、またトライすればよい」（奥田碩さん）

「人間ですから、一発で１００点を取れることはない。少しタイミングが早すぎたり、遅

すぎたりしたこともあります。ただ、踏み出す方向が180度間違っていなければ、途中ですぐに改善、つまり軌道修正すればいいと思っています」（張富士夫さん）

共通するのは、挑戦を尊び、失敗しても再挑戦すればいいという**アクティブな執念**です。

トヨタ式を導入中の会社の若手社員、若草さんが、部品の在庫管理の改善に取り組んだ時も、決め手は再挑戦でした。

同社の部品管理は少数のベテラン社員が自分たちのやりやすさ優先で取り仕切っており、他の社員には、何がどこに何個あるかがわからない状態でした。とくに新入社員や若手にはまるでわからず、何をするにもベテラン社員に頼まなければ仕事が進みません。

トヨタ式の整理整頓は「**何がどこに何個あるかが誰にでもわかり、すぐに取り出せる**」ことが基本です。

若草さんはこの基本を目ざして改善を行いました。

結果は、大変な不評でした。かえってわかりにくくなったというのです。実際、部品や部材を揃えるのに以前より時間がかかるようになり、間違いも増えてしまったのです。

若草さんは、ベテラン社員たちからこう批判されました。

「慣れたやり方を変えるから混乱するんだ。新人にはわかりにくいって？　だったら慣ればいいいんだ。よけいなことをするな。すぐ元に戻せ」

すっかり落ち込んだ若草さんを、上司は「**改善が改悪になったら、もう一度改善すればいい**」というトヨタ式の言葉をあげて、こう励ましました。

「改善した結果が、改悪になってしまうこともある。じゃあ、元に戻すべきかというと、そうじゃあない。新人でもわかるようにしたいという目標は間違っていないんだから、元に戻すのではなく、もう一度改善するんだ。正しい目標からブレるな」

何かを変えて失敗すると、たいていの場合は「元に戻せ」となりますが、それでは何も変えられません。

方向が正しいのなら、「もう一度変える」ことが大切です。

若草さんは、なぜ変えなければならないのかをベテラン社員に説明したうえで、ベテラン社員から「どうすれば誰にでもわかるようになるのか」という**知恵を出してもらいながら改善を続ける**ことにしました。

その結果、同社の部品管理はトヨタ式の理想通りに変わっていったのです。

計画が困難である時だけでなく、独創的だったり、大規模だったりした時も実行をためらう人が少なくありません。理由は、失敗への恐れです。

100%の成功が約束されているなら、実行をためらう人はいないでしょう。それどころか、われ先に飛びつくはずです。しかし、100%の成功が約束された計画など存在しません。もし約束されているなら、それを計画とは呼ばないでしょう。

だからこそ、失敗した時の評価が重要になるのです。

失敗した時、責任問題にされたり、周囲から集中砲火を浴びせられたりするようでは、再挑戦する人はいなくなってしまいます。

- 意欲的な挑戦であったがゆえに失敗した。
- 計画や実行に大きな落ち度のない失敗。
- 防げない偶然によって失敗した。

こんな場合は責任を問わず、上司などが失敗を正しく評価してあげることが大切です。

つまり、「なぜうまくいかなかったのか」という真因をつかんで、次の「改善」につなげるのです。

いい失敗は、PDCAを終わらせるものではなく、回す原動力になるのです。

CHECK

9

時には「やめる」決断も大事。回せるサイクルは他にもある

前進か撤退かは、いつも難しい問題です。

ＰＤＣＡの「計画」の前、あるいは「実行」の前に、あらかじめ撤退ラインを決めておくと、チェックの助けにはなります。たとえばこんな感じです。

・15日で5％アップの最低目標がクリアできなかったら計画に戻って根本的にやり直す。

・ライバルが類似製品を出した時点で撤退する。

しかし、たいていは「４・８％までアップしたのだから改善に進もうよ」とか「あんな類似品は取るに足りない。前進すべきだ」といった意見が噴出して紛糾するのが常です。

結局、前進か撤退かの判断はケース・バイ・ケースだということになるのですが、一つだけ確かなことがあります。

撤退する勇気を持たなければならないということです。

リスクを取る勇気が必要になるのです。

しっかりと計画を立て、全力で実行してきたのに、チェックの段階で「根本的にダメかもしれない」となった時、「なんとか挽回しよう」「今さらやり直すわけにはいかない」と**ムリをしたり意固地になったりすると、事態が悪化する**ことがほとんどです。

「やめる」「やり直す」というのは重大な決断です。

それまでにかかった費用や時間、労力をムダにはしたくないでしょう。期日に間に合わないという場合もあるかもしれません。

責任問題にもなりかねないだけに、まずは進めて、あとで少しずつ辻褄《つじつま》を合わせていけばいいと考えたくなっても不思議ではありません。

しかし、「あっ、これはまずい」というほど明らかに間違ったPDCAは、少々の修正では間に合わず、サイクルを回せば回すほど深刻な傷になる場合もあり得ます。

PDCAは絶対に回し続けなければならないものではないのです。

間違ったり、致命的な問題が生じた時は、「やめる」「ゼロベースでやり直す」という結論を出すことも大切なことになります。

そんな大胆な撤退を平気で行ったのがアップルの創業者で、若い頃からトヨタ式を積極的に取り入れていたスティーブ・ジョブズです。

アップルストアの第1号店の詳細な検討が終わりに近づいた頃、責任者のロン・ジョンソンは「今進めているやり方は根本的に間違っているのではないか」と考え始めました。そして、検討されてきた「主力製品を展示する店」ではなく、「コンピュータを使って何ができるか、何をしたいかを示す店」に変えるという提案を行ったのです。

それは、6ヵ月かけて行ってきた店舗設計をゼロからやり直すことを意味していました。最初はさすがのジョブズも難色を示しました。しかし、数分後、「正しいのはジョンソンだ」と、プロジェクトのメンバーにこう言いました。

「**正しくやれるチャンスは1回しかない**んだ。よくない部分があったとき、それを無視し、あとで直せばいいというのはダメだ。そんなのはほかの会社がすることだ」

ジョブズは、アイフォンの開発でも、デザインが「効率的に仕事をこなすぞ！」的になりすぎたことに気づいて、9ヵ月もかけた仕事にリセットボタンを押しています。

ジョブズの「撤退する勇気」が、アップルを革新的な会社に育て上げたのです。

CHECK

10

自己満足に陥るな。PDCAにこそお客様目線が必要

トヨタ式は、最終的な評価はお客様が行うと考えます。

もちろん、PCDAサイクルの中で実際に評価をするのは計画、実行の当事者だったり、プロジェクトのリーダーだったりするでしょう。しかし、その**結果がお客様の評価につながらなければ、ビジネスは成立しない**のが現実です。

カローラはかつて日本にモータリゼーションを起こし、今では販売台数からも世界的な車の一つといえます。

それだけに、二代目、三代目……となるにつれて開発が難しくなってきます。

- 長く売れるということは、たくさんのファンがいるということだ。
- モデルチェンジしすぎて長年のファンにそっぽを向かれてはならない。

・しかし、斬新さを感じさせないと新しいファンをつかめない。

こうして開発者は「長年のファンのためには失敗できない」という守りの姿勢と、「新しいファンをつかむために冒険したい」という意欲の板挟みになるのです。

しかも、車が売れにくい時代に売るためには若い世代をつかまなければならず、カローラにまとわりつき始めた「オジさん車」というイメージも払拭する必要がありました。

そんな難しい課題を背負った九代目カローラの開発に当たって、チーフエンジニアの吉《よし》田健《だたけし》さんは、「ゼロからの出発」というコンセプトを掲げました。

・これまでのカローラから完全に離れる。

・手直しではなく、まったく新しいものをつくる。

この二つを満たさなければ、「ゼロからの出発」とはいえないでしょう。

とはいえ、売れていてファンが多く、ブランドが確立している車を「新しくつくる」のはたやすいことではありません。

吉田さんは世界各国の競合車と渡り合えるデザインを要求し、トヨタ系3ヵ所のデザインセンターから上がってきた案からベストと思えるものを選びます。そして、そこにハード要件を入れていき、「まずまずのできだ」と思えるところまでこぎ着けました。

ところが、デザインを統括する上司からこう酷評されました。

「やっぱり『カローラ』ができたじゃないか。これで世界に通用するのか」

吉田さんは上司から、さらにこんな言葉も浴びせられました。

「トヨタが**変わったと思っても、世間から変わったと思われなければしょうがない**じゃないか」

いくら自分たちが「これが正しい」「大きく変わりました」と考えたとしても、お客さまが「すごいな」「変わったね」と評価してくれなければ、意味はありません。

大切なのは「自分→製品」の評価ではなく、「お客様→製品」の評価である、というのが上司の伝えたかったことでした。

吉田さんは「変わろう」と言いながらも、心のどこかで「失敗できない」「売れる車をつくらなければ」という思いにとらわれており、それが「ゼロからの出発」を妨げていたのです。

上司の言葉に心機一転した吉田さんは、その後も試行錯誤をくり返し、ついに「これなら」というカローラをつくり上げました。

それを見て、これまでカローラをつくってきた先輩たちはこう言いました。

「うん、これは『カローラ』じゃないね」

カローラをよく知る人たちが「カローラじゃない」とまで評価するのなら、世間も「変わったね」と評価してくれるでしょう。吉田さんの努力は実ったのでした。


トヨタ式には「お客様」を意識する言い方がたくさんあります。

「何が正しいかはお客様が決める」

「価格はお客様が決める」

「市場に叱られてこそいい車ができる」

「一にユーザー、二にディーラー、三にメーカー」

「後工程はお客様」

このように、**常にお客様の目と声を意識してこそ、本当にいいものをつくることができる**のです。チェックしてみて、背後にお客様の不満を感じたなら、再びＰＤＣＡを回して、よりよくを目ざすことが大切です。

CHAPTER 4

ACTION

ギクシャクしたら前工程と後工程を見る

"FOLLOW" IS THE ESSENTIAL STEP OF TOYOTA'S "PDCA"

「この手があった！」に気づく技術

トヨタ式ＰＤＣＡ＋ＦのＡの特徴は大きく二つあります。

①人は困れば知恵が出る

②１人の１００歩より、１００人の１歩ずつ

ＰＤＣＡのＤｏとＡｃｔｉｏｎは、言葉としては似ていますが、大きく違います。Ａには Ｄを上回る知恵がついている点です。

知恵をつける時、大野耐一さんはしばしば**「とことん困らせる」という手法**を使いました。

たとえば「この計画でいいよ。ただし予算からゼロを一つ取れ」という指示です。1億円かかるプランを1千万円でやれということになり、普通は不可能でしょう。

しかし、「不可能です」と言えば、せっかくの計画にゴーサインが出ません。必死に知恵を出すしかないところに追い込まれるのです。

ちょっとした改善とか、外部に頼むとかいった対応では追いつきません。根本的に考え直し、組み替え直す必要があります。

そうになると、苦しんだ末にですが、「あっ、**この手があった！**」と**気づく時が必ずくる**ものなのです。ＰＤＣＡのサイクルが大きく回り、「画期的」「凄い」「前例がない」仕事ができるようになります。

トヨタ式を別の側面から見ると、「**無名の人たちが心を一つにがんばることで天才をしのぐ**やり方」ともいえるでしょう。

実際、トヨタにはスターがいません。豊田喜一郎さんや大野耐一さんですら、世間的には「知る人ぞ知る」程度でしょう。ホンダの本田宗一郎さんや、パナソニックの松下幸之助さんとは比べものにならないほど地味です。

しかし、トヨタは１００人を1歩ずつ進めていく手法を積み重ねることで、生産台数世界ナンバーワン、純利益2兆１７３０円（平成27年度）という企業になったのです。そこまで成長するには、トヨタ式のＡは、みんなの共通財産になるものでなければなりませんでした。トヨタ式のＡには、すでにフォローが芽吹いているのです。

ACTION 1

非常識な改善も考えよう。奇跡がそこから始まる

トヨタ式改善を実施する手順は七つあります。PDCA+Fとは表現が異なりますが、こんな感じです。

①改善すべき点を発見する
②現状をあるがままに正確につかむ
③アイデアを得る
④改善案を作成する
⑤改善案を実施する
⑥実施した後を確認する
⑦改善の成果を全員で味わう

①②③④がPの「計画」に当たります。トヨタ式は一歩を踏み出す前にとても時間をか

けるのです。

⑤がDの「実行」です。⑥がC＋Aの「評価と改善」に当たり、⑦がFの「フォロー」に相当します。

このようにPDCA＋Fに置き換えると、肝心の「改善」がずいぶんそっけなく感じられるかもしれません。しかし、それは、**トヨタ式では改善が日常になっているから**にすぎません。また、あまりにも凄い改善がたくさんあるからでもあります。

凄い改善の代表例の一つが、シングル段取り（10分間を切る段取り替え）を実現したやり方です。

トヨタ式は多品種少量生産を目ざします。**理想は、一つずつ違うモノをつくる「一個流し」**です。

市場の売れに合わせてつくる一個流しは、お客様のための最善のつくり方であり、在庫のムダも解消できるのですが、大きな問題がありました。金型《かながた》や治工具《じこうぐ》の取り替え、装置の調整、部品や部材の切り替えといった段取り替えです。

同じモノをまとめてつくる大量生産なら途中で段取り替えをすることはありません。しかし、少量のモノを何種類もつくるとなると、途中の段取り替えが不可欠になります。段取り替え中はモノをつくれませんから、何時間もかかるようでは仕事になりません。時間がかかるほどに生産性が著しく下がってしまいます。

売れないモノをまとめてつくる大量生産から脱し、**トヨタ式を軌道に乗せるためには、段取り替え時間を圧倒的に短くすることが必要**でした。

1960年半ば、1千トンプレスの段取り替えに、トヨタは4時間を要していました。フォルクスワーゲンなど外国の同業他社はその半分でした。

そこで、さらにその半分の1時間を目標に、段取り替え時間短縮のプロジェクトがスタートしました。そして100項目を超える改善を行った結果、半年後には1時間以内に短縮することに成功しました。すばらしい成果です。

ところが、大野さんは1時間を切ったことを知ると、プロジェクトにさらなるC＋Aを課しました。こう言ったのです。

「3分間にまで短縮してくれ」

段取り替え時間短縮プロジェクトの全員が驚きました。

ACTION 2

成功に安住しない。PDCAは上を求め続けるサイクル

段取り替え時間を1時間にすることも大変なのに、大野耐一さんのC＋Aは「あともう少し縮めよう」ではなく、いきなり「3分間」です。**結果を出してもそこで決して満足せず、「よりよく、より早く、より安く」を求め続けるのがトヨタ式**ですが、3分間はあまりに厳しい目標でした。

お手上げです。改善案など想像さえできません。困り果てたプロジェクトチームは、これまで段取り替え時間の短縮に協力してくれた外部コンサルタントに相談してみました。

すると、「ひょっとしたらやれるかもしれない」と言い出したのです。

段取り替えには、機械を止めて行わなければならない「内側の段取り（内段取り）」と、機械の稼働中でも行える「外側の段取り（外段取り）」があります。

もし、段取り替えの大半を外段取りにできれば、機械の稼働時間は大幅に伸びます。つ

まり、段取り替え時間を大きく短縮することが可能になるのです。

コンサルタントとチームは、内段取りを徹底的に外段取りに転化していきました。

また、内段取りに関しても、刃具や金型を取り換える時にワンタッチで行えるように、さまざまな工夫を施しました。締め具をボルトレスにしたり、一回転締め具にするなど、おびただしいほどの工夫を実現した結果、それまで誰も考えもしなかった3分間での段取り替えが、ついに可能になったのです。

段取り替え時間におけるこの時の**改善の圧倒的な積み重ねがあったからこそ、トヨタ式は凄い効果を発揮できるようになった**といえます。

この話に、トヨタ式PDCA+Fの特徴がよく表れています。たいていの人はPDCAを何度か回して成果が上がれば、「よくやった」と満足してひと休みするでしょう。

しかし、トヨタ式はサイクルを回し続けます。

「1時間→3分間」ほどではないにしても、時には**とてつもない目標を設定し、困らせることで革新的なアイデアを引き出そうとする**のです。

3 ACTION

みんなを巻き込め。参画意識も高まる

トヨタ式PDCA+Fの「改善」は、「みんなが納得すること」を強く求めます。

なぜなら、納得は、とかく放置されやすいものだからです。

これについて大野耐一さんはいつも、**「決められた」を「決める」に変える**、と言っていました。

「『決められた』というと、上から決められたと思うんだね。自分が決めりゃいいんじゃないか。これが改善なんだね」

次のような意味です。

①仕事の基本は、「決められたことを守る」ことである

みんながバラバラに勝手なやり方をしては、仕事は進みません。当たり前のことです。

まずは決められたことをきちんと守ることが仕事の大前提です。

②しかし、人間には「決められた」ことに従いたくない心理がある

学校の校則などの押しつけられたルールに反発を感じたことがあると思います。人間は、自由や自分らしさを求めますから、他人に決められた通りに黙々と行動することを嫌います。加えて、決められたことに不具合があることも少なくありません。

③そこで、まずは「決められた」通りにやってみて問題を発見する

決められたことを**やりもしないで、「おかしい」と言ったところで意味はありません**。モノづくりなら、標準作業がありますから、その通りにやってみて、問題がないかどうか確認します。「どうもうまくいかない」といった問題が見つかるかもしれません。

④そして問題の改善提案をする

問題があれば「何が問題なのか」を考え、「ここに問題がありますので、こうを変えたらやりやすくなります」と提案をします。

⑤自分の意見が入った新しい標準作業がつくられる

標準作業は固定されたマニュアルとは違い、柔軟に変えられます。提案が採用されれば、すぐに新しい標準作業がつくられます。

⑥新しい標準作業は自分が「決めた」ものである

最初は誰かに「決められた」標準作業でしたが、新しい標準作業は自分の提案、つまり自分の知恵が入ったものになります。自分が「決めた」ものになるのです。

⑦自分が「決めた」ことは進んで守りたくなる

トヨタ式の標準作業は、このくり返しで形づくられていきます。やってみて納得がいかなければ、自分で考え、自分でよりよいものに変えていくのです。**ルールを自分で決めるので参画意識が高まり、モチベーションも上がる**ことになります。

改善のステップでは、「みんなの納得」を忘れてはいけないのです。ワンマンが支配したり、納得できない人がいたりしては、ＰＤＣＡは実効性の低いものになります。**評価や改善には、みんなの知恵を取り込む**ことが大切です。「本当は反対だったんだけど、仕方なく従った」という言い訳をさせないようにサイクルを回しましょう。

納得のない仕事はとかく中途半端に終わりがちですが、参画意識を持って取り組む仕事は確実に成果を上げていきます。

ACTION 4

大局観を持て。部分改善を全体改善につなげよう

ＰＤＣＡの「改善」のステップでは、上司や部下、前工程や後工程の担当者といった関係者たちと十分に連携し、協力を得ることがとても重要になります。

仕事は一人だけ、一つの部署だけで完結するものはあまりありません。たいていは人から人、部署から部署に受け継がれ、全体で協力的に進めていくことで完結します。

ところが、とかく改善は、「自分だけ」「自部署だけ」で進められることがあります。

改善とは何かを変えることです。

計画、実行では関係する人たちと連携ができていても、**いざ変えるとなると、自分や自部署のやりやすさ、利害にとらわれてしまう**のです。

関係する人たちとの連携、協力を十分に考慮しないと、せっかくの改善がムダを生んだ

り、混乱を引き起こすことになりかねません。

たとえば、改善によって自分の工程の生産量が増えたとします。しかし、連携ができていないと後工程は従来と同じ生産量なのですから、つくったモノを次々と送っても、在庫が積み上がる一方になるでしょう。

あるいは、自分の工程は生産量を増やせるようになったからと、前工程に「もっとモノをどんどんつくって送ってくれよ」と要求しても、前工程の生産量は同じないのですから、「何を勝手なことを言っているんだ」と反発されるでしょう。**ムリに要求を通そうとすると混乱が生じます。**

前後の工程を無視して自分の工程だけを改善すると、成果が出なくなるのです。

それでは前後の工程が変わらない限り、自分たちは何もしなくていいのかというと、もちろんそうではありません。

トヨタ式を実践している企業の工場で働く浅葱《あさぎ》さんのケースが参考になります。

浅葱さんは次々とムダに気づき、改善を積極的に行ってすばらしい成果を上げる人でした。ところが、ある時からまったく改善を行わなくなってしまいました。

工場の責任者が理由を聞くと、こんな答えです。

「自分がいくら一生懸命に改善をしても、前後の人が何もしないので馬鹿らしくなりました。前後の人が改善の成果を出すまで、何もしないでおこうと決めたんです」

浅葱さんの気持ちもわからないではありません。改善をした結果、後工程にムダが生まれたり、前工程から「よけいなことをして」と冷たい目で見られたりするのでは、モチベーションが下がって当たり前です。

責任者は浅葱さんの心情に、「わかるよ」理解を示したうえで、「君には改善をする力があるんだから」と、こう励ましました。

「何もしないんじゃなくて、たとえば**前工程や後工程の人と話し合って『ここをこうしたらもっとよくなるのでは』といったアドバイスをする、**というのはどうだろう。誰もが、もっといいいやり方をしたいと願っているんだから、君のアドバイスはきっとみんなの助けになる」

この言葉に勇気づけられた浅葱さんは、アドバイスをするだけでなく、前工程や後工程と一緒に改善を進めるようになりました。それがモデルケースとなって、工場全体で改善が大きく進み始めたのです。

こうして浅葱さんの工場のモノをつくる力は、急激に伸びていきました。

部分最適イコール全体最適が組織の理想ですが、現実にはしばしば部分最適と全体最適は矛盾したり、相反したりします。改善のステップでは、「誰と誰が影響を受けるのか」「どこの理解と協力が必要なのか」をしっかりと検討したうえで、連携しながら進めることが特に大切です。

トヨタ式に、「二階級上の立場で考えろ」という言い方があります。平社員なら係長や課長の目で状況をとらえ、係長なら課長や部長になったつもりで判断せよ、という意味です。

そんな習慣をつけると、つい、「自分さえ」「自分のところさえ」となりがちな時でも、「まてよ？」と、もっと広い視野で考え直すことができるようになります。

改善のステップには大局観が含まれていることが求められるのです。個別の改善を進めながらも、「会社のビジネスモデルをどうするのか」「マーケットは将来どう変わっていくのか」といったことを常に念頭に置きましょう。

ACTION 5

当事者意識を高めよ。他人事意識では成果は出ない

改善には当事者意識が必要です。

何かを変えるのは大変なことですから、当事者意識がまるでなければ、人は変えようとはしません。あるいは当事者意識が低ければ、改善に取り組んでも、通り一遍のものになってしまうでしょう。

トヨタ式に「問題のホルダー（当事者）になれ」という言葉があるのは、そのためです。**自分の問題として腰をすえて改善に取りかかる**ことが大切です。

あるメーカーの生産部門の役員、紫さんもそれを体験から知りました。

紫さんは元トヨタマンで、そのメーカーの日本の各工場へのトヨタ式導入を何度も成功させてきました。次は海外の工場へ普及させることになり、プロジェクトを立ち上げたの

です。

やり方は日本の工場に導入した時と同じです。

月に1回、海外工場に行き、数日をかけて生産現場で働くラインの人たちを対象に講義を行います。トヨタ式のイロハから始め、改善の大切さや人の知恵のすばらしさを熱心に教えました。

毎回たくさんの出席者が集まり、みんな熱心に耳を傾けました。質疑応答も活発で、最初の頃、柴さんは「日本より熱心かもしれない」と思ったほどです。

しかし、1ヵ月経って海外工場に行き、現場を見ても、改善は進んでいません。講義をしてまた1ヵ月後に現場に行っても、同じです。

毎回「さぞ改善が進んでいるだろう」と期待し、毎回がっかりしていました。

教え方が悪いわけではなさそうです。出席者はいつもたくさんで、態度は熱心でした。

そこで柴さんは、出席者の何人かに「なぜ改善が進まないのか」と率直に質問してみました。すると、**心のどこかに「他人事」という意識があるから改善が進まない**ことがわかってきました。こんな答えが返ってきたのです。

「講義を聞いて、改善のすばらしさは理解しているし、改善の必要性もよくわかる。だが、実際に改善するのは現場で働くわれわれラインの仕事ではなく、スタッフの仕事だ。だから、自分で改善をやるつもりはない」

紫さんは、みんなが問題のホルダーになるように、スタイルを変えました。講義による座学をやめ、現場で実際に起きている問題についてグループで考え、実際に改善してみるスタイルにしたのです。

問題といっても作業改善レベルの初歩的なものですが、それでも自分の現場で実際に起きている問題となれば、他人任せにはできません。グループは真剣に知恵を出し、力を合わせて改善に取り組むようになりました。

効果はてきめんでした。何ヵ月もしないうちに、参加者全員に当事者意識が根づいたのです。

「改善はスタッフの仕事」という職掌範囲は変わらないままですが、実際に自分の現場の問題に自分で知恵を出し、自分で改善すると、自分の仕事が楽になり、よりよい仕事ができることが体でわかったのです。

みんなが問題のホルダーになったのです。「**自分の職場は自分の手で変えていく**」という姿勢になりました。参加者は、研修の時だけでなく、いつでも現場で改善を行うように変わっていきました。

この姿勢が定着したことで、海外工場での改善活動はがぜん活発になり、品質も生産性も向上し、職場環境もよくなっていきました。

PDCAの「改善」のステップがうまくいかない時は、**かかわっている人たちが本当に問題のホルダーになっているかどうかを検討する**必要があります。

メンタル面からいえば、**個人的な思い入れが改善を成功させる**のです。「この仕事は自分のものだ」「自分がやらなければ誰もやらない」といった思い入れがないと、計画と実行まではなんとか可能でも、改善は難しくなります。

当事者意識があれば、労働対価など考えず、失敗の恐怖にも打ち勝って改善に打ち込めます。それは無敵の改善となるでしょう。

ACTION 6

積み重ねる工夫をせよ。大改革にやがて手が届く

遠大な目標がある時、**最初から壮大な計画を立てて挑戦するのは、案外とリスクが高いやり方です。**

大がかりすぎて、「あっ、失敗した。直そう」という小回りがききません。また、どうしても指示した通りにやらせる作業が増え、みんなの知恵が出にくくなってしまいます。

まずは**「積み重ねる」「分割する」工夫をしたほうがいい**でしょう。

トヨタ式は、小さなサイクルを回し続け、成果を積み重ねることで大きな目標にたどり着こうとします。

それを端的に表したのが「改善には順番がある」という言葉です。

たとえばモノづくりなら、「作業改善→設備改善→工程改善」といった順番になります。

スタートは、作業のやり方を変える作業改善が適当です。小さな改善ですから、手間も

コストもかかりません。すぐにやり直せますから、失敗を恐れることなく改善に取り組めます。一番いいのは、知恵を出す訓練になるということです。

大野耐一さんが、概略こんなことを言っています。

「まず作業改善をしなさい。現有の機械を使って、最もいい仕事のやり方を考える。それをしないで先に新鋭機を入れる設備改善をしてしまうと、改善能力が高まらない。機械の改善ができず、機械に使われてしまうだけになっちゃう。**とことん作業改善をして、もうさすがに古いこの機械じゃとてもダメだ、となってから設備改善に進む**と、非常に生産性が上がるし、品質がよくなる。それでないといかん」

曙《あけぼの》色工業（仮名）は、トヨタ式を導入することで確定受注生産に対応できる態勢の確立を目ざしていました。

改革に着手する前から、同社トップには理想のモノづくりは「こうすればいい」という青写真が描けていました。しかし、それを実行するだけでは、社員が言われて動くだけになり、知恵を出して働く人が育ちにくくなります。

それもあって、小さなサイクルを積み重ねる方法を取ることにしました。

最初に整理と整頓を徹底し、ゴミ一つない清潔な職場を実現しました。

次に、みんなで知恵を絞り、理想のラインを考えました。6ヵ月をかけてつくり上げたのが、「部分駆動台車引きライン」というものです。製品を組み立てるワーク台車と、部品を配膳した台車を交互に連結したオリジナルな生産ラインでした。

その次は、5基あるベルトコンベアの1本を廃棄、そこに部分駆動台車引きラインを設置しました。使用するモーターが一つで動きが不安でしたが問題はなく、「自分たちで安くつくれないかと長く試行錯誤した成果だ」とみんなで喜び合いました。**外から買うのでも、プロに依頼するのでもなく、自分たちの工夫で誕生した画期的な生産ライン**でした。

次のサイクルは、新しい生産ラインでのモノづくりと改善でした。

これらを経て曙色工業は、残りの4本のベルトコンベアも、すべて自前の新しい生産ラインに変えるに至ったのです。

効果は絶大でした。

ベルトコンベアに比べてライン製作費は5分の1、生産リードタイム（受注から完成までの期間）も5分の1、ラインスペースは半分、設備メンテナンス費はほぼゼロになりました。それだけでなく、ラインを動かす駆動電力が最大80分の1に下がったのです。トップが描いていた青写真を上回る成果でした。最初から青写真通りにやろうとしていたら、これだけの成果はとても得られなかったでしょう。

この**成果がさらなる成果を呼ぶ**ことになりました。駆動電力など工場の消費電力が大幅に下がったことで、「太陽光発電で十分まかなえるのでは」というアイデアが社員から出たのです。

曙色工業はもともと環境意識が高く、以前も太陽光発電のアイデアはありました。しかし、当時は消費電力のごく一部しかまかなえず、「これではただの自己満足」ということでアイデアは立ち消えになっていたのです。

しかし、消費電力すべてを太陽光発電でまかなえるとなれば、話は別です。ほどなく曙色工業は全面的に太陽光発電を使った生産に移行し、以後、これは同社の大きなセールスポイントとなりました。

小さなサイクルを回し続けることで大きな目標へと行きつくことができます。あせらず、コツコツと積み上げる改善はとても大切です。

ACTION 7

天才の凄さを取り入れろ。スキルに分解すれば凡人にも可能だ

評価と改善のヒントに、こういうものがあります。

- 才能のせいにせず、「自分にもできるはずだ」と考える。
- 運のせいにせず、「自分にもできるはずだ」と考える。
- 規模のせいにせず、「自分たちにもできるはずだ」と考える。

私たちは多かれ少なかれ、「とても彼のようにはできない」「会社の大きさが違う」などと無意識の限界を自分でつくっているものです。評価と改善では、そういう**自分でつくった限界を突破する**ことが大切になります。

今ではトップ営業マンになっている小麦さん（仮名）も、その例の一つです。

ある営業会社に、「天才」「別格」とみんなが認める敏腕営業マン紅花さん（仮名）が

いました。成果も人脈も群を抜いており、誰もが「彼は特別だから」と称賛するばかりで、学びの対象とはしませんでした。

しかし、同じ部署に異動してきた後輩の小麦さんは、「彼はなぜ成果を上げ続けられるのか」と考えました。紅花さんを**「まねのできない存在」ではなく「学ぶべき存在」にしたの**です。

小麦さんは紅花さんの1日の行動や、1週間の仕事の進め方を注意深く観察し、時に話を聞くことで「秘密」に近づこうとしました。

すると、紅花さんは天才というよりも、たんねんな下調べや準備、地道な訪問などをくり返す「努力の塊《かたまり》」であることがわかったのです。

小麦さんは「これなら自分にもできるのではないか」と考えました。そして、紅花さんが日々やっているように、お客様を徹底して調べ、それに合わせたデータをもれなく用意して、訪問して話を聞いては、要望や質問でわからないことはその日のうちに回答するようにしました。

どれも当たり前の営業活動ですが、紅花さんのようにとことんやるためには、自分なりのたくさんの工夫が必要でした。しかし、工夫するうちに、目に見えて営業成績が上がってきたのです。

もちろんすぐに紅花さんのようになることはできませんが、このやり方を続ければ自分にもできる、という自信は持てるようになりました。

小麦さんが行ったのは、いわば紅花さんの「PD」を標準作業にして、そこに自分なりの「C+A」を加え、自分のPDCAにするやり方でした。

このように、PDCAは自分で完結させるだけでなく、**成果を上げる人のやり方を取り入れることで一気に豊かにする**ことができるのです。

PDCAは成長の基本スキルセットであり、「天才」「ラッキーボーイ、ラッキーガール」と呼ばれる人も、「エクセレントカンパニー」「ガリバー」と呼ばれる企業も、必ずサイクルを回しながら進んでいます。

PDCAをうまく回すことで、誰でも、「天才」のレベルに限りなく近づいていくことができます。

ACTION 8

個人ワザに頼るな。大切なのはその他大勢の能力アップ

前項の小麦さんのやり方は、組織にも応用できます。

飲料品メーカーの子会社で、スーパーマーケットなどのルート営業を一手に請け負っている企業がそうでした。

同社の悩みは、大勢いるマーケットスタッフの能力に、かなりのバラつきがあることでした。

営業の世界は今でこそさまざまな改革がなされていますが、かつては根性主義が幅をきかせ、ひと握りの天才と、その他大勢に分かれるところがありました。ひと握りの天才は、その他大勢の何倍もの成果を上げますが、それに頼っていては、安定経営はできません。安定経営をするためには、**その他大勢の能力を引き上げる**ことが必須課題でした。

そこで同社が試みたのが、天才マーケットスタッフや優秀なスタッフのＰＤＣＡサイク

ルを研究して、その他大勢の財産として共有することでした。

まず、トップから100人のマーケットスタッフを選び、マネジャーが得意先に同行します。そして、一人一人について、「日々の活動で何をしているのか」「何がお客様に喜ばれているのか」を調査しました。

そして、それをベースに、全員が使える活動マニュアルを作成したのです。

それまでは、PDCAサイクルの回し方は、マーケットスタッフ個人に任されていました。マニュアルなどありません。そこに、「こうすればもっと成果が上がりますよ」という、いわば一大ヒント集を導入したのです。

もともと**マニュアルの目的は、優秀なスタッフの仕事を標準化すること**です。営業は、個人的な資質がものを言うこともままありますが、組織として成果を出すには、マニュアルが非常に役立ちます。

トヨタ式に「1人の100歩より100人が1歩ずつ」という言い方があります。みんなが、1歩どころか、2歩、3歩と進むことができるようになれば、あっという間に天才の100歩を超えていくことができるのです。

CHAPTER

5

FOLLOW

成果を互いに共有して
組織の競争力を伸ばす

"FOLLOW" IS THE ESSENTIAL STEP OF
TOYOTA'S "PDCA"

フォローはあくなき成長をもたらす

トヨタ式ＰＤＣＡ＋ＦのＦは、次のような特徴から見るとわかりやすいでしょう。

①関心を持ち続けること

仕事の成果はすべて上司やトップの関心の有無、強弱で決まります。ＰＤＣＡも例外ではありません。**上の人間が関心を持ち、プロセスや結果を評価する**ことで確実に回ります。サイクルが思うように回らないと嘆く上司やトップは、自分自身のフォローがどこまでできているかを検証することです。

②横展開すること

ある個人や工程がすばらしい改善をした時、「よかったね」で終わったら、他の個人や工程は共有できず、一過性のもので終わる可能性があります。成功例は必ず他の個人や工程に展開するのは大切なフォローです。

③失敗のレポートを書く

同様に、失敗したらレポートに書いて会社の共有財産にすることが求められます。

④継続すること

「これはいい」と確信したサイクルを回し続けるのもフォローです。

トヨタ式では、それは何年、何十年にも及びます。たとえば、トヨタの「創意くふう制度」は、スタートしてからすでに60年以上になります。さまざまな修正を加えながら**継続する執念がトヨタの成功の秘密**だといえます。

新しいものを積極的に取り入れても、すぐに別のものに目移りしてやめてしまったり、少し結果が出たことで満足して手をゆるめてしまっては、大きな成果を得ることはできません。

⑤他から学ぶこと

目を世界に広げれば、学ぶべき成功例は無数にあります。それらをきちんとフォローし、使えるものは自分なりの知恵をつけて取り入れるのがトヨタ式です。

なお、トヨタ式ＰＤＣＡ＋Ｆの中心には、人間の知恵を意味する「Ｔｈｉｎｋ」があることをつけ加えておきます。トヨタ式は人間の知恵を信じ、知恵を出すことで成立します。サイクルのどのステップにも、**自分の知恵をつけることが不可欠**です。

FOLLOW

1 成果を全体に広げる。自己完結でサイクルを閉じない

トヨタ式ＰＤＣＡ＋Ｆでは、いい改善ができた時は必ずヨコテンをします。

ヨコテンとは「横展開」のことです。「水平展開」という企業もあります。ある部署や工程で上がった成果を、他の部署や工程に適用することで、企業全体の成果へと変えていくフォロー法です。

ＰＤＣＡの**成果を「私」→「あなた」→「みんな」と広げていく**わけです。

ヨコテンまでやって初めて、トヨタ式ではサイクルを回したことになります。

若手トヨタマン虹さん（仮名）が上司の指示で、ある現場の改善を行った時のことです。改善を終えて上司に報告すると、まず「結果は見届けたのか」と聞かれました。やった結果をきちんと見届け、「問題はないか」「もっとできることは？」を考えよということ

で、第3章でも触れた基本セオリーです。

あわてて現場に戻って結果を見ると、いくつか問題が見つかりました。さらに改善して再び上司に「いくつか問題がありましたが、改善をして解決しました」と報告すると、次にはこう言われました。

「ヨコテンしたのか」

当時の虹さんにとっての改善は、上司に指示された問題点を直すことでした。しかし、実際は、そのあと現場を見届けてさらに改善することが求められ、うまくいったら、続けてヨコテンしなければならないのです。

それを知った虹さんは、一瞬「きりがないな」とも思いましたが、同時に「これこそが**トヨタ式の強さの秘密**なんだ」と感動しました。

のちに大変な活躍をすることになる虹さんは、自分がトヨタマンとして大きく成長する原点はこれだったと回顧しています。

トヨタ式では、ヨコテンされてきた**成果に自分なりのプラスアルファの知恵をつける**ことも求められます。

成果をそのまま取り入れればそれでよしとする企業もありますが、他の部署や工程でうまくいったものが、自分の部署や工程にそのままフィットするとは限りません。不具合が生じることもあります。

だからこそプラスアルファの知恵をつけるのです。そして、そこからいい改善が生まれたら、それもヨコテンします。こうして、一つの**改善がヨコテンされるたびに成長していく**のです。

ヨコテンの重要性を説いたのは、副社長時代の豊田英二さんです。

1960年代、トヨタは成長するにつれて工場が分かれ、職制も増えて横の連絡が悪くなりつつありました。それを懸念して、部課長に概略このように要請したのです。

「工場が分かれ、同じような仕事をしている部門が会社の中でいくつかに分かれるようになっている。一方の工場で得られた性能や事故など多岐にわたる知識は、すぐに他の工場にも連絡するようにしていただきたい」

「本社工場は非常に能率を上げる改善ができたけれども、近くにある元町《もとまち》工場では何も知らずに、他の工場の改善例を見て感心した、というようなことがあったのでは、問題にならないのであります」

組織が大きくなると横の連携が悪くなるだけでなく、成功事例を自分の部署や工程だけで抱え込み、共有するのを嫌がる傾向も生まれます。そうなると、失敗は当然隠しますから、大きなトラブルが起きた時、実は他部署で兆候が出ていた、というような事態もおきます。英二さんは、そういう組織にならないように先手を打ったのでしょう。

大野耐一さんが「歩合会議」でいつも行っていたことがあります。

各工場で実施された改善事例やケーススタディを取り上げ、「なぜうまくいったのか」「もっと改善できるところはないか」などを検討、そのノウハウや経験を全員の共有財産にすることです。

つまり、改善のあとにヨコテンを求めるだけでなく、**会議の場でも積極的にヨコテンを行っていた**のです。大野さんは会議のメンバーと工場に行って、改善事例を実際に見て確認するところまで実行していました。

ヨコテンは、**単にノウハウを伝えるだけでなく、「事例」として共有する**ことで確実になり、自分なりの知恵もつけやすくなります。

FOLLOW

2

あらゆる成功例をフォローせよ。それに自分の知恵をプラスする

トヨタ式は社内の成果をヨコテンでフォローするだけではなく、他社の成果も積極的にフォローします。

実際、トヨタマンは平社員から幹部まで、とにかくよく協力企業や関連会社をはじめとする他企業に足を運びます。「なぜ成功したのか」を、担当者の話を聞き、現場を自分の目で見ることでつかみ、仕事に取り入れようとします。

すべてを自分たちでゼロから生み出そうとする自前主義は立派ですが、現実的ではありません。仕事や発想の幅が広がらない恐れもつきまといます。

自分が成功する力の強さは、よその成功を取り入れる力の強さと比例します。

現代では、トヨタやトヨタ式の導入企業に限らず、多くの会社や団体も、成功例の視察に行くようになりました。

しかし、そういう会社や団体では、視察して**学んだことがきちんと実行されていない場合も多い**のが現実のようです。

メーカーの銀山社（仮名）が間接部門の人員削減に成功した時が、その一例です。

トヨタ式の導入によって、同社の生産部門の改革は順調に進みました。しかし、本当にコスト削減の効果を上げるには、全社員の4割が配属されている間接部門の人員削減と生産性向上が不可欠でした。

銀山社は、間接部門の人員を3分の2にするという大胆な目標を掲げました。

最初はコンサルティング会社に依頼し、詳細な事務分析を行って削減しようとしましたが、多大な時間がかかるうえ、5〜6％の人員しか抜けないと気づいて方針転換しました。「抜く」とは異動させることですが、銀山社は抜いた人たちで新規事業を立ち上げる予定でしたので、転籍ということになります。

新方針は、**トップダウンで各部門の優秀な人たちを指名して抜く**というものでした。

間接部門の各部署からは当然、強い反発がありました。「これ以上人を減らすと、この仕事はできなくなるが、いいのか」「ダメな人を抜くというのなら協力のしようもあるが、優秀な人を抜かれては業務が停滞する」と言うのです。

銀山社は、「お客様に迷惑をかけるのでなければ、ある程度の仕事はできなくなってもかまわない」という方針と、「業務が多少停滞しようが、変わらなければ明日はない」という危機感を持って反発に対処しました。

そして、ついに目標通りの人員削減を断行したのです。

すると、各部署に変化が起きました。

「お客様に迷惑がかからないなら」という基準でムダな仕事を見つけ、廃止していきました。また、**標準作業をつくることで、優秀な人材抜きでも、誰もが均一に仕事ができるようにした**のです。

その結果、仕事の停滞もなく、残業時間も増やさずに仕事ができるようになりました。

この改善事例は、コンサルティング会社の機関誌などで成功事例として何度も紹介されるようになりました。

それを知って、多くの企業が話を聞きに来ました。銀山社も「何かの役に立てば」と可能な限り対応しました。

しかし、同社の担当者によると、「話を聞きに来た人は多いものの、実際にやり抜いたという話はほとんど聞いていません」というのが実情です。

銀山社の事例には、反対を押し切ってでも改革を進めるという強い意志とトップダウンの力が必要になります。話を聞きに来た企業のほとんどは、銀山社のやり方をノウハウとしてそのまま実践しようとして挫折したのではないでしょうか。あるいは、「うちではとても……」と及び腰になったのかもしれません。

銀山社の**成功事例に、自分なりの知恵をつけることができなかった**ということです。

銀山社に学んだ企業の中で、間接部門の人員を3分の2どころか、半分にまで削減するのに成功した企業があります。やはりトヨタ式を実践しているRED社（仮名）です。

RED社は銀山社と同じように、指名によって優秀な人を抜きましたが、そこに自分たちなりの知恵をつけることでさらなる効果を上げました。

RED社は、人を抜いたあとの対処を各部署任せにせず、最初にこう伝えました。

「人を抜きますが、業務が停滞するようならいつでもプロジェクトチームから応援を出します。そして、もし人員削減がムリだったとわかった時は、元に戻します」

- 各部署の仕事量は繁忙期と閑散期でバラつきが大きいため、どう工夫しても繁忙期には人員不足が生じる。
- 人員不足が生じる時には各部署長がプロジェクトチームに応援を要請して対処する。
- その後、プロジェクトチームと各部署長が「なぜ応援が必要になったのか」について真因を調べ、協力して改善を行う。

最初の2~3ヵ月はたくさんの応援要請がありましたが、やがて要請は急減し、半年後には少ない人数で以前と変わらない仕事ができるようになりました。

このように、RED社は銀山社に学びながらも、自分たちで知恵をつけて自社流の事例をつくりあげました。これが、トヨタ式のフォローです。

指示通りの仕事をすると、大野耐一さんはこう部下を叱りました。

「わしの言う通りやる奴はバカで、やらん奴はもっとバカ。**もっとうまくやる奴が利口**」

成功事例に関心を持ち、学ぶのはとてもよいことです。かといって、それを実行しないのでは意味がありません。また、そのままやるのも知恵のないことです。「もっとよくしよう」と工夫して実行する。それが最も利口なやり方です。

3

FOLLOW

今日の成功を最高と思うな。「もっと」を求めてこそ大成する

成功パターンが生まれると、私たちはついそれを踏襲したくなりますが、「よりよく」を求めるためには、**成功パターンを踏襲しない勇気**も必要になります。

平井伯昌さんは水泳指導者の大先輩、青木剛《あおきつよし》さんに「織田信長《おだのぶなが》は同じ成功をしないようにしていた。それには大変な努力が必要なんだ」という話を聞いたことがあるそうです。

織田信長の最初の成功は、圧倒的な劣勢だった桶狭間《おけはざま》の戦いで敵本陣に一直線に奇襲をかけることで敵将今川義元《いまがわよしもと》を討ち取ったことですが、以降、信長は同じような奇襲は絶対にしなかった、というのです。

大成功をしても、その成功体験から逃れられないと、やがてじり貧に陥っていく。そうならないためには、**同じ失敗をくり返さないこと以上に、同じ成功をくり返さないこと**だ。

それが青木さんの教えでした。

以来、平井さんは好記録が出た時は、なぜかをきちんと整理して、「同じ成功をくり返さない」ように心がけるようになったと言います。

たとえば、平井さんがコーチをしていた北島康介さんが世界記録で優勝した時、周囲は「今の泳ぎを崩さないように」と言いましたが、平井さんと北島さんは「同じ泳ぎをしていて、さらに記録は伸びるのだろうか」と考え、それまでしていなかったウェイトトレーニングを始めています。それが、五輪2種目の金メダルという快挙につながったのです。


大野耐一さんが監督、管理について、概略このような話をしていました。

「去年はうまくいった、今年もうまくいったといった調子じゃ、何も進歩がない。前任者は50人でやっていたが、自分は40人でやった、あるいは去年は50人が必要だったが、今年は45人にした、そういった仕事の測り方というのをやらんといかん」

前任者や去年の実績を超えてこそ進歩向上があるというのが大野さんの考え方でした。


カローラが爆発的に売れ始めた頃のことです。

当初、大野さんはエンジン担当課長に「5千台を100人以下でつくるように」と指示しました。すると、2ヵ月後には「100人↓80人でつくれるようになりました」という報告がありました。すばらしい成果です。

その後、5千台から1万台に増産することになり、大野さんは課長に聞きました。

「1万台は何人でつくれるか」

「160人でつくれます」という課長の答えに大野さんは、「2×8=16なんて計算は小学校で教わった」と激怒しました。

5千台を「100人↓80人」でつくれるようになった工夫を踏襲すれば、1万台は倍の160人でつくれることになります。しかし、大野さんは同じやり方をくり返さずに、もっと工夫しろと求めたのです。

言われて課長は改善を重ね、やがて100人で1万台をつくれるようになったのでした。

フォローする時の心構えは、「今日より明日」と「よりよく」を求め続けることが大切です。あえて成功パターンを捨て、新たな挑戦をすることも必要です。平井さんは、**「今日この日（成功した日）を人生最良の日にしない」**という言葉を残しています。

FOLLOW

4

「教えた」で終わるな。人づくりとはフォローし続けること

人材育成の一般的なＰＤＣＡでは、育成計画を立てて仕事を教え、成長をチェックし、教わったことができるようになったことを確認したところでサイクルが完結します。

しかし、トヨタ式のＰＤＣＡ＋Ｆは、その先をフォローします。

一例が、トヨタ元町工場の一角にあった「道場」と呼ばれる場所でした。

学校の教室ほどのスペースで、ボルト締めの練習板や、分解と組み立てをくり返すための実物エンジンなどが並んでいます。そこに、新人ではなく、入社2年目くらいの若手社員が集められます。つまり、**教わったことはきちんとできるようになっているか**のです。

そんな若手社員を道場に集める目的は、この理想の実現のためでした。

「1台たりとも不具合のある車を出すな」

トヨタの現場で長年働いたベテラン社員がラインを離れて道場の専任トレーナーになり、マンツーマンで1週間、一人一人を指導します。

たとえば工具の音や振動で感覚をつかむために、練習板に打ち込んだボルトの締めつけ具合を1本ずつ機械で測定し、ばらつきが出ると何度でも作業をやり直します。こうすれば、**より楽で正確なやり方をつかむ**ことができ、かつ**腱鞘炎**《けんしょうえん》**などを防ぐこともできるの**です。

実技の習熟度に応じて座学も取り入れ、「『なぜ』を5回くり返せ」といったトヨタ式の基本も再度きっちりと学びます。

こうした指導は配属前にも受け、配属後も教えられるわけですが、理想の実現のために、さらに徹底した集中フォローを道場で行うのです。

トヨタ式に「教育と訓練は違う」という言い方があります。

- 教育……新しい知識や仕事のやり方を教える。
- 訓練……教えたことをくり返し練習させて体で覚えさせる。

トヨタ式は、「教育して終わり」にしません。安全と効率のために細部まで徹底して訓練し続けます。**より高いレベルを目ざしてフォローし続ける**のがトヨタ式人づくりのサイクルです。

大野耐一さんが、概略このように話しています。

「いろいろな人たちが、いろいろな形で訓練をやるべきである。集めて1時間くらい本を読ませても、フォローがないと、本当の訓練にはならない」

こうした徹底したフォローは、販売やサービスの現場でも行われています。

既存の販売チャネルとは別にレクサスだけを販売する店をつくって「最高のサービス」を標榜《ひょうぼう》しようとした時もそうです。

研修で目ざしたのは「一人のゼロもつくらない」ことでした。

営業成績なら、1ヵ月に何台も売る人、たまたま1台も売れなかった人という差がつくこともあります。「一人のゼロ」が出ても仕方がないのです。

しかし、お客様へのサービスに関しては、サービスゼロの社員が一人でも出ることは絶対に許されません。たまたまサービスゼロの社員に接したら、お客様は「この店は全然ダメだ」という印象を持ってしまいます。それが各種のネットワークを通じて拡散すれば、ダメージは計り知れません。

サービスでは、「九人が10点、一人がゼロ点なので、平均9点近い」といった見方ではなく、「一人のゼロもつくらない」ことが大切になります。

レクサス店が徹底したフォローを続けたのは当然のことでした。

真のビジネス能力は訓練を経て身につくものであり、そのためにはフォローが不可欠です。PDCAのせっかくの**成果を永続性のあるものにするには、「＋F」がなければならない**のです。

フォローは組織の総力戦という面もあります。

大野さんは、概略このようなことも言っていました。

「小言を言う人がおらんとね。職制の上司だけじゃなくて、年上の者がみんなそれぞれ小言を言ってやらんと」

同じ部署の直属上司や先輩がフォローをするだけでなく、他部署の管理職や先輩、経営陣に至るあらゆる人が、気づいたことを、気づいた時に伝える。そこまでするのがトヨタ式の人づくりです。

5 FOLLOW

失敗のレポートを書こう。新たな挑戦の教科書になる

ヨコテンを説いた豊田英二さんは、２章で触れた「失敗のレポート」も推奨しています。それについて、こんな話が残っています。

若いトヨタマン藤色さん（仮名）が、アメリカの工作機械メーカーに注文を出しました。自分の給料の何十倍もするような機械ですから、もちろん稟議書《りんぎしょ》を書き、上司の承認を得たうえでの注文です。

ところが、到着した機械を使ったところ、まったくの期待外れだったのです。情報が少なく、カタログや雑誌だけが頼りの時代には、仕方のない失敗ともいえました。それでも、大金をかけた機械が「使えませんでした」で許されるわけがありません。

藤色さんは、直属の上司に謝ったうえ、技術部門の責任者だった英二さんに報告と謝罪に行きました。すると、こう言われました。

「それで、その実験の理屈はわかったのか」

藤色さんは、「実験」とは今回の失敗体験のことだろうと思い、「はい、わかりました」と答えると、英二さんの返事は一言だけでした。

「わかったならそれでいい。その**失敗はお前の勉強代だ**」

英二さんは、藤色さんが情報の少ない中で十分に調べ、検討したうえで機械を購入したことを知っていました。その機械が期待通りでないことに最もショックを受けているのは藤色さんだということもわかっていました。

だからこそ、かなり高額の勉強代でしたが、藤色さんを責めなかったのです。

ただ、英二さんはこう続けたそうです。

「なぜ失敗したのか、今後、失敗を防ぐためには何が必要かをしっかりと分析して、失敗のレポートを書いておくように」

失敗のレポートについて英二さんは概略こんなことを話しています。

「失敗を忘れないでいただきたい。**失敗には、なかなかいい味があります**。『うまくいきました』というような時はレポートを書かなくていいのです。うまくいった現物が、レポート代わりになるからです。しかし、失敗はレポートに書いてほしいのです。『こうしたら失敗した』というレポートを大いに書いていただきたい」

わざわざ失敗のレポートを書くのは、語り継ぐだけでは限られた範囲にしか伝わらず、やがて忘れ去られるからです。

誰もが見られるレポートにすれば、失敗体験は長く残すことができ、みんなの共有財産となり、**新たな挑戦の教科書**となってくれるのです。

ＰＤＣＡには失敗も成功もありますが、結果を一過性のものにするのではなく、また、やった人だけの財産にするのではなく、みんなの財産にしていくのがトヨタ式「＋Ｆ」の考え方です。成功すればヨコテンをすることでみんなの財産にし、失敗すれば失敗のレポートを残すことで、やはりみんなの財産にしていきます。

こうしたシステムがあれば、失敗を恐れることなく実行することができます。

「失敗してもいいから思い切ってやれ」というのは2章でもくり返したトヨタ式の基本セオリーの一つですが、「失敗したらどうするのか」「**失敗をどう生かすのか**」**をしっかり決めていてこそ、「思い切ってやれ」と力強く励ますことができる**のです。

6 FOLLOW

短気を起こすな。忍耐強く見守るのもフォローだ

ビジネスマンの成長は決して一直線ではありません。がんばってもうまくいかない時があり、不思議に好調の波に乗れる時があります。

トヨタ式の「＋F」には、うまくいかない時も簡単にあきらめたり方針を変えたりせず、**うまずたゆまず継続することが大切**だ、という意味も強く込められています。

伊藤忠商事元会長の丹羽宇一郎《にわういちろう》さんが、こんな話をしていました。

「サラリーマンの実力は、同じペースで伸びるのではなく、努力を続けて、ある日、飛躍するものなんです。目立たなかった人材がある時から急に伸びるケースがよくあります。サラリーマンは、**飛躍の日まで絶対にあきらめてはいけません**」

改善にも同じことがいえます。トヨタ式の実践企業の経営者が「改善は、CAD《キャド》（コン

ピュータ支援設計）で引いた線に似ている」と、こんなことを話していました。

「CADの線は、まっすぐ一本の線に見えても、拡大すると小さく上がったり下がったりしているものです。改善も同様です。ずっと右肩上がりでうまくいき続けることはありません。成果が上がることもあれば、下がることもあり、時に踊り場のように停滞することもあります。それでもコツコツと続けていくと、確実に『つくる力』がつき、会社が変わります」

こうした姿勢と正反対だったのが機械メーカーのトップ海老茶さん（仮名）です。

海老茶さんは生産改革に熱心に取り組んでいました。よく勉強もし、複数ある工場それぞれに改善推進チームをつくり、月に1回は工場に出向いて、視察をかねた報告会を開催していました。

しかし、一つ大きな欠点がありました。一喜一憂せずに成長を見守るという我慢がきかず、コロコロと目標や手段を変えてしまうのです。

生産改革の初期はおもしろいように結果が出ます。ただ整理整頓を徹底するだけでたくさんのムダを省けるからです。しかし、進むにつれてムダが見つかりにくくなり、改善に時間や手間がかかるようになります。

そこで**短気を起こしてはいけない**のですが、海老茶さんは報告会などで結果が出ないと、「こうすればもっといい成果が出るのでは？」と方針をあっさり変えてしまうのです。

たとえば、ある月は「作業改善をやれ」、次の月は「自動機械を入れたらどうだ」、さらにその翌月には「いっそのこと人を先に抜いたらどうだ」という具合です。

現場の人たちは「報告会を1回でも欠席すると方針が変わっていて、浦島太郎状態になってしまう」ことをくり返しているうちに、「どうせまた来月になったら変わるんだろ」と、何を言われても本気でやろうとはしなくなってしまいました。

いったん「これでいこう」と決めたなら、信じてやり続けること、目先の結果に左右されず、**長期的な視点で成長を見守る**ことが大切です。海老茶さんのようにハシゴを外すような行動を取ってはいけません。忍耐強くじっと**見守るのもフォローの一つの形**です。

その後、海老茶さんは自分の誤りに気づき、コロコロ目標や手段を変えるのを自制するようになりました。そのため同社の生産改革も、再び軌道に乗り始めたということです。

7

FOLLOW

成果が出たら仕組みづくりに進む。一段上のサイクルを回そう

一つのＰＤＣＡを終えたあと、再び同じ課題や問題が起きないように、**フォローのサイクルを回しておく**ことはとても重要です。

たとえば「職場の５Ｓを行う」というプロジェクトを任されたら、あなたはゴールをどこに置くでしょうか。

ある大手企業の生産子会社赤銅産業は、親会社から「精密機器の製造を委託しようにも、工場が汚なすぎてムリ」と突き放されたことがきっかけで、本格的な５Ｓに取り組むことになりました。

①整理と整頓

整理と整頓の基本は「ほしいモノが誰でもすぐに取りだせる」ことですが、工場には部品や部材などがあふれ、何がどこに何個あるかわからず、モノを取り出そうにも、邪魔な

モノが多すぎて時間がかかる状態でした。赤銅産業は**不要なモノを大胆に捨てる整理**を行い、空いたスペースを有効活用して「誰でもすぐに取りだせる」ようにしていきました。

②掃除と清潔

モノがあふれる状態だと隅々まで掃除ができません。整理と整頓によって、あちこちに埃《ほこり》や汚れがたまっていることがわかりました。そこで、床や壁をA2サイズに仕切って、全社員が担当を決めて徹底的に磨き上げました。

お陰で職場は非常に清潔になり、精密機器の生産を行えるようになりました。親会社から精密機器も受注でき、赤銅産業は、ここで5Sに関するPDCAを終えました。

ところが、半年くらい経った頃、社員はこんなことに気づきました。

「いつの間にかモノが増えている」「なんだかまた狭くなってきた」「ゴミや埃が目につくようになった」……。

「もう一度5Sをやるか」という提案が出ました。半年前に回したPDCAを再度回そうというのです。それに対して、赤銅産業のトップは、こう問いかけました。

「それでは5Sが年中行事になってしまわないか。ここはよく考えて、たとえば『汚したくても汚れない職場づくり』を目ざしたらどうだろう」

モノが増えたら処分すればよく、汚れたら掃除をすればいいのですが、そのくり返しでは進歩がありません。**モノが増えない仕組み、汚れない仕組み**を考えてみないかと、トップは逆提案したのでした。何度も「Ｐ」に戻らなくてもいい**一段上のＰＤＣＡサイクル**を考えようということでもありました。

赤銅産業のプロジェクトは、いろいろな改善策を考えました。

- 機械と作業法の改善

汚れる原因が油汚れや塗料の飛び散りにあるとわかったので、飛び散らないように機械や作業法などの改善を行う。

- 過剰包装の削減

部品や部材を納品する際の過剰包装がゴミを増やしていることに気づいたので、協力会社と相談して包装を少なくし、通い箱などに変える。

- 汚れの見える化

床や壁を、汚れの目立ちにくい色から、汚れが一目でわかる色に変更する。

・清掃タイムの新設
毎日10分間は全員が仕事をストップして、箒《ほうき》やモップを持って掃除をする。
これらを実行した結果、赤銅産業はゴミ一つない職場へと大きく変わりました。また、二度と大がかりな整理と整頓を行わなくてもよくなったのです。

特に効果があったのは「清掃タイム」でした。仕事をストップするのは、一見ムダに思えますが、全員で掃除をすることで「自分の職場は自分できれいにする」意識が高まりました。ゴミや汚れに気づいたら除くようになり、また、いたずらにモノを増やしたり、粗末にしないようになったのです。

プロジェクトは、清掃タイムのお陰で、**5Sの「しつけ」が定着したのではないか**と思っています。

トヨタ式は、異常や不良があれば生産ラインを止め、真因を調べて、改善をするというサイクルを回しますが、それは「止めたくても止まらないほどのラインをつくる」という一段上のサイクルとつながっています。ＰＤＣＡを回して、すばらしい成果が上がってもそこで満足せず、「その先」を目ざすことが大切です。

8 FOLLOW

達成しても休むな。到達点を出発点にする人が勝ち残る

目標を達成した時、満足して歩みを止めてしまう人と、達成を新たなスタートラインと考えて、さらなる高みを目ざす人がいます。

歩みを止める人は、目標を達成したことで、いわば燃え尽きてしまうのでしょう。一方、**高みを目ざす人は、常に「＋F」の意欲を忘れない人**だといえます。

かつて日本製品は、先進国から「安かろう悪かろう」と非常に低く見られていました。そのため多くの日本企業は、品質向上に必死に取り組みました。

それに大きな力を発揮したのがアメリカで生まれた「ＱＣ（品質管理）」でした。

ＱＣは、品質不良などの諸問題を解決するために、現場の人たちがチームを組んで原因を調べ、解決策を考えることが中心になります。こうしたＱＣ活動に真剣に取り組んだ結

果、日本製品の品質は格段に向上し、ジャパンブランドを築くことになったのです。

QC活動の目標になったのが、「デミング賞」の受賞です。日本の品質向上に貢献したエドワーズ・デミング博士の功績を讃えて創設された権威ある賞で、これを受賞することは自社製品の品質の高さを証明するものとされました。

そのため、企業は競って受賞の取り組みを行うようになったのです。

トヨタは1965年に受賞していますが、その際、心がけていたことがあります。受賞を「QCの墓場」ではなく、「QCのゆりかご」にすることでした。

デミング賞を受賞するための取り組みは、社員や管理職が睡眠時間を削るほど過酷なものです。全社一丸になることが必要になりますが、その分、受賞という**大目標を達成すると「やり切った」気持ちになりがち**です。

それまでの苦労が大変なものだっただけに、みんながホッとしてしまい、受賞するとQCへの関心が薄れ、取り組みが弱まることも少なくありませんでした。

トヨタはそうならないように、受賞後はQCをさらに加速させ、グループ企業や協力会社へと広げようと考えました。「**PDCAのサイクルにFを加える**」という考え方です。

トヨタ式は、目標を達成しても「いったん休み」とならず、「うまくいったのだから、さらに大きく回していこう」となるのです。

トヨタ式の導入を計画した企業のほとんどは、最初はとても熱心に取り組みますが、改善が進み、ある程度の成果が出た段階で、その後の対応が、やはり二つに分かれることになります。

- 「成果が上がった。このへんでよしとしよう」と改善の手を緩めてしまう。
- 「成果が上がった。次はもっとよくなるようにがんばろう」とさらなる改善に励む。

両者の差は、すぐには大きくなりません。しかし、前者はやがて改善の効果が薄れ、元に戻ることが多いばかりか、前より悪くなることもあります。

それに対し、後者は**堂々たる勝ち残り企業になっていく**のです。

PDCAサイクルを回して、すばらしい成果が出た時が分岐点です。その次をどうするか。そこでやめてしまうか、それともその成果をさらにより大きなものへと育て上げていくかで、ほとんど勝負が決まります。

PDCAのサイクルにはいつも「先」があります。**成果が出れば出るほど、その先のサイクルをフォローしていくことが大切**になっていくのです。

参考文献

『大野耐一の現場経営』大野耐一　日本能率協会マネジメントセンター

『ザ・トヨタウェイ』（下）ジェフリー・K・ライカー　稲垣公夫訳　日経BP社

『先進企業の原価力』若松義人　PHP研究所

『誰も知らないトヨタ』片山修　幻冬舎

『豊田英二語録』豊田英二研究会編　小学館文庫

『トヨタ経営システムの研究』日野三十四　ダイヤモンド社

『トヨタ式改善力』若松義人、近藤哲夫　ダイヤモンド社

『トヨタ式仕事の教科書』プレジデント編集部編　プレジデント社

『トヨタ式究極の実践』若松義人　ダイヤモンド社

『トヨタ式人づくりモノづくり』若松義人、近藤哲夫　ダイヤモンド社

『トヨタシステムの原点』下川浩一、藤本隆宏　文眞堂

『トヨタ新現場経営』朝日新聞社　朝日新聞出版

『トヨタ・ストラテジー』佐藤正明　文藝春秋

『トヨタ生産方式』大野耐一　ダイヤモンド社

『トヨタ生産方式を創った男』野口恒　CCCメディアハウス

『トヨタの方式』片山修　小学館文庫

『トヨタはいかにして最強の車をつくったか』片山修　小学館文庫

『トヨタはどうやってレクサスを創ったのか』高木晴夫　ダイヤモンド社

『レクサス　トヨタの挑戦』長谷川洋三　日本経済新聞社

雑誌「工場管理」1990年8月号

雑誌「日経ビジネスアソシエ」2004年11月16日号

トヨタのＰＤＣＡ＋Ｆ《ピーディーシーエープラスエフ》

世界No.1企業だけがやっている究極のサイクルの回し方

2016年10月31日　初版発行
2023年 6 月24日　5刷発行

著　者……桑原《くわばら》晃《てる》弥《や》
発行者……塚田太郎
発行所……株式会社大和出版
東京都文京区音羽1-26-11　〒112-0013
電話　営業部03-5978-8121／編集部03-5978-8131
http://www.daiwashuppan.com
印刷所……誠宏印刷株式会社
製本所……株式会社積信堂

ISBN978-4-8047-1826-2

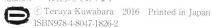